italien

italien

Parragon

Bath • New York • Singapore • Hong Kong • Cologne • Delhi
Melbourne • Amsterdam • Johannesburg • Shenzhen

Konzept und Produktion: Terry Jeavons & Company

Realisation der deutschen Ausgabe: trans texas publishing, Köln
Übersetzung: Melanie Schirdewahn, Köln
Lektorat: Lisa Heilig, Köln
Satz: Aicha Becker, Köln

ISBN 978-1-4723-4630-8

Printed in China

Hinweis

Sofern die Schale von Zitrusfrüchten benötigt wird, verwenden Sie unbedingt unbehandelte Früchte. Sind Zutaten in Löffeln angegeben, ist immer ein gestrichener Löffel gemeint: Ein Teelöffel entspricht 5 ml, ein Esslöffel 15 ml. Sofern nicht anders angegeben, wird Vollmilch (3,5 % Fett) verwendet. Es sollte stets frisch gemahlener schwarzer Pfeffer verarbeitet werden. Bei Eiern und einzelnen Gemüsesorten, z. B. Kartoffeln, verwenden Sie mittelgroße Exemplare. Kinder, ältere Menschen, Schwangere, Kranke und Rekonvaleszenten sollten auf Gerichte mit rohen oder nur leicht gegarten Eiern verzichten. Die angegebenen Zeiten können von den tatsächlichen leicht abweichen, da je nach verwendeter Zubereitungsmethode und vorhandenem Herdtyp Schwankungen auftreten.

Inhalt

4 Viertes Kapitel: PANE & PIZZE

5 Fünftes Kapitel: DOLCI

Einleitung

Dieses Buch lädt Sie in die vielfältige, wunderbare Welt der italienischen Küche ein und steht Ihnen mit Tipps und Kniffen rund um die Zubereitung der beliebtesten italienischen Gerichte zur Seite. Freuen Sie sich auf köstliche, traditionelle Rezepte ebenso wie auf neue, fantasievolle Kreationen.

Im ersten Teil des Buches finden Sie eine ausführliche Charakterisierung der italienischen Küche mit ihren lokalen und regionalen Spezialitäten. Es folgen eine umfassende Warenkunde, in der die wichtigsten Zutaten und Küchenutensilien vorgestellt werden, sowie einige Grundrezepte für die Zubereitung von Pizza, Pasta & Co.

In den darauf folgenden Kapiteln präsentieren wir Ihnen ausgesuchte Antipasti, Vorspeisen, Hauptgerichte und Desserts sowie Pizzas und Brote. Italienische Küche – das heißt Frische, Farbe und Geschmack. Viel Spaß beim Nachkochen und Genießen wünschen wir Ihnen und Ihren beneidenswerten Gästen!

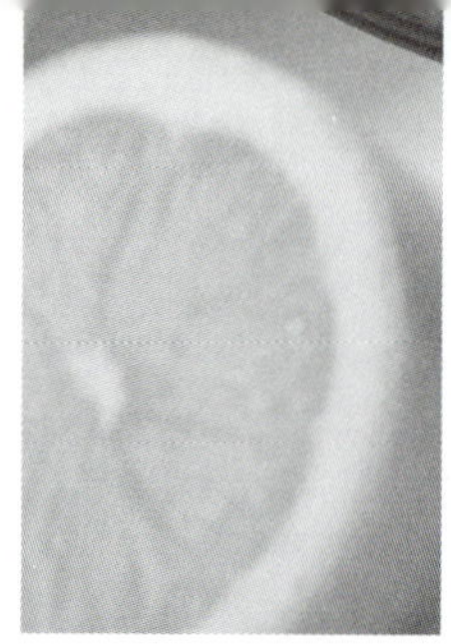

Italienische Lebensart

Abgesehen von Pizza und Pasta, die überall in Italien zu finden sind, gibt es in den regionalen Küchen Italiens – von Südtirol bis zur „Stiefelspitze" Kalabrien – große Unterschiede. Gründe hierfür sind natürlich die unterschiedlichen klimatischen und geografischen Bedingungen, die sich in den landwirtschaftlichen Produkten, den Lebensbedingungen, Traditionen und Zubereitungsarten widerspiegeln.

Die Vereinigung Italiens mit seinen so unterschiedlichen Identitäten zu einer einheitlichen Nation erfolgte erst im Jahr 1861. Zwar verschwammen im Lauf der folgenden Jahrzehnte und Jahrhunderte auch die kulinarischen Traditionen und Eigenheiten immer mehr – Menschen zogen von einer Region in die andere und nahmen ihre Spezialitäten mit –, eine einheitliche, typisch italienische Küche entwickelte sich dennoch nicht.

In ihren Anfängen war die Küche Italiens natürlich geprägt von der Esskultur der Römer, die später von griechischen, byzantinischen und arabischen Traditionen beeinflusst wurde. Auch Nachbarländer wie Frankreich und Österreich sowie Produkte, die aus Übersee nach Italien kamen, brachten neue Impulse. In Venedig, einst eines der wichtigsten Handelszentren der Alten Welt, gingen Schiffe mit Zitronen und Orangen aus Asien, Spinat aus Persien, Gewürzen aus Syrien und der Türkei, Auberginen aus Südostasien sowie Tomaten aus Peru vor Anker.

Lokale Produkte spielen in den regionalen Küchen Italiens eine sehr große Rolle, und im gesamten Land stehen Frische und Qualität an oberster Stelle. Bereits den Kleinsten wird die regionale Esskultur nahegebracht, und eifersüchtig gehütete Familienrezepte werden von Generation zu Generation weitergegeben. Es ist bewundernswert, wie gut es den Italienern gelungen ist, die alten kulinarischen Traditionen trotz Globalisierung und aller Hektik des modernen Lebens aufrechtzuerhalten. Sie lieben gutes Essen und besitzen die Gabe, ein einfaches Familienessen in ein ganz besonderes Erlebnis zu verwandeln.

Zwar sind heutzutage fast alle Produkte das ganze Jahr hindurch erhältlich, doch haben in Italien saisonale Produkte eine große Bedeutung. Italiener wählen ihre Zutaten mit großer Sorgfalt aus und verarbeiten sie auf ebensolche Weise. In allen italienischen Städten gibt es Obst- und Gemüsemärkte, auf denen man sich von der großen Auswahl an frischer Saisonware – süße Feigen, saftige Orangen, blaue und weiße Trauben, knackige Kirschen, kleine Zucchini mitsamt ihren leuchtend orangefarbenen Blüten oder vollaromatische Tomaten an ihren Rispen – inspirieren lassen kann.

Gleiches gilt für die Fischmärkte. Hier locken fangfrische Fische, Garnelen, Muscheln und Co. Italien hat eine sehr lange Küste und verfügt im Norden über zahlreiche Flüsse und Seen. Fisch gibt es also in großer Menge und Vielfalt. So ist es kaum verwunderlich, dass die Italiener begeisterte Fischesser sind. Fast jede Stadt hat ihren eigenen lokalen Fischmarkt – wer erinnert sich nach einer Venedigreise nicht gern an La Madonna, den Fischmarkt nahe der Rialto-Brücke? Der Anblick der verschiedenen Fisch- und Schalentiersorten, die in den schönsten Farben schillern und glänzen, ist doch recht beeindruckend.

In den gemäßigteren Regionen im Norden ist das Essen herzhafter und reichhaltiger. Hier wird viel Viehwirtschaft betrieben, die nicht nur erstklassiges Rind- und Kalbfleisch liefert, sondern auch Milchprodukte wie Butter, Sahne und Käse. In vielen Betrieben werden daneben Schweine gehalten, die mit der bei der Käseherstellung anfallenden Molke gefüttert werden und die schmackhaftesten Wurst- und Schinkenspezialitäten liefern. Während der Jagdsaison steht überdies oft Wild auf den Speisekarten. Der in Norditalien angebaute Reis wird zu Risotto und der Mais zu Polenta verarbeitet. Polenta war im Norden einst Grundnahrungsmittel für arme Leute, was den Norditalienern auch den spöttischen Spitznamen *polentoni* (Polenta-Fresser) eingebracht hat. Auch Obst- und Gemüsesorten wie Äpfel, Kartoffeln, Steckrüben, Kohl, Sellerie, Artischocken und Bohnen gedeihen im Norden sehr gut. Im Herbst geht man in den weitläufigen Buchen- und Eichenwäldern Nord- und Mittelitaliens gern auf Pilz- und Trüffelsuche. Die „Jäger" benötigen dazu sogar eine Lizenz. Geflügel und Lamm sind ebenfalls beliebt, und nicht zu vergessen die Kalbsleber. Leber von unter einjährigen Kälbern wird hier gebraten und mit Zwiebeln serviert (*Fegato alla veneziana*).

Reis ist in Italien ein Grundnahrungsmittel und wird häufig als Risotto serviert.

Die Region Ligurien liegt zwar auch im Norden, doch aufgrund des Klimas findet man dort mediterrane Zutaten wie Knoblauch, Basilikum und Pinien. An den steilen Küsten finden sich unzählige Olivenhaine, deren Früchte zu einem ausgesprochen milden, fruchtigen Olivenöl verarbeitet werden. Ebendieses Öl verwendet man im Nordwesten Piemonts für das beliebte Gericht *Bagna cauda*. Es handelt sich um einen warmen Dip, der auf einem Stövchen warm gehalten und mit einer üppigen Rohkostplatte serviert wird. Für den Dip werden 150 ml Olivenöl, 80 g Butter und 2 gehackte Knoblauchzehen 2 Minuten in einem Topf erhitzt, 100 g fein gehackte eingelegte Sardellenfilets hinzugefügt und alles unter Rühren 10 Minuten geköchelt.

Weiter südlich in Richtung Mittelitalien werden auf den fruchtbaren Böden Brokkoli und Fenchel sowie Salat und Kräuter angebaut. Die Bergregionen Mittelitaliens sind die Heimat vieler Schafherden; das Fleisch der Lämmer wird auf verschiedenste Weise und zumeist als Hauptgericht zubereitet. In der Toskana schätzt man auch Wildschweingerichte sehr.

Das Fleisch von ganz jungen Lämmern wird in der Regel gebraten – Fleisch von älteren Tieren wird meist lange und sanft geschmort.

Je weiter man nach Süden vordringt, desto wärmer und trockener wird das Klima, und desto leichter werden auch die Speisen. Farbenfrohe Früchte wie Orangen und Zitronen sowie aromatische Gemüsesorten wie Tomaten, Paprika, Zucchini, Artischocken und Auberginen wachsen hier auf den Plantagen und Feldern. Zwar bereitet man Pizza überall in Italien zu, jedoch gilt die neapolitanische Pizza als die beste. Die Neapolitaner waren übrigens die Ersten, die die von Seefahrern aus Südamerika eingeführte Tomate als Lebensmittel zu schätzen lernten. Denn damals, im 16. Jahrhundert, wurde die auch als „Paradiesapfel" bezeichnete Tomate noch als ungenießbar angesehen, weil man sie bislang nur in unreifem, grünem Zustand verzehrt hatte. Erst die Süditaliener ließen sie in der Sonne reifen und schön rot werden, und noch immer ist die Tomate dort eine der wichtigsten Zutaten – egal ob roh, gekocht, püriert, getrocknet oder aus der Dose.

Auch Sizilien und Sardinien, die größten italienischen Inseln, haben kulinarisch einiges zu bieten. Auf Sizilien an der Stiefelspitze Italiens stehen vor allem Reis, Couscous, Gemüse, Fisch und Zitrusfrüchte auf dem Speisezettel. Neben Zitronenbäumen gedeihen hier auch Mandelbäume in großer Zahl. Auf Sardinien an der Westküste hingegen liebt man Lamm, Schweine- und Wildfleisch sowie Gemüse und Käse. Brot und Kuchen mit Mandeln und Zitrusfrüchten gehören ebenfalls zu den lokalen Spezialitäten.

Die Artischocke ist eine distelartige Pflanze, die eng mit der in Italien ebenfalls verbreiteten Kardone verwandt ist. Essbar sind nur die unteren fleischigen Teile der Schuppenblätter und die Blütenböden der unreifen Pflanze. Artischocken sind in Italien äußerst begehrt. Jede Region wartet mit eigenen Rezepten auf, und besonders beliebt sind die zarten, jungen Knospen, die im Ganzen verzehrt werden können.

Die Mitte und den Süden Italiens prägen riesige Olivenplantagen, deren Früchte eingelegt oder zu Olivenöl verarbeitet werden. Darüber hinaus wird im ganzen Land Wein angebaut; Italien ist einer der größten Wein- und Olivenölproduzenten der Welt.

Wie die Pasta nach Italien gelangte, ist übrigens noch immer umstritten. Viele sind der Meinung, dass der Entdecker Marco Polo die Teigware Mitte des 13. Jahrhunderts von seinen Chinareisen mit nach Italien brachte, jedoch gibt es bereits Schriften aus dem 12. Jahrhundert, in denen von einer nudelartigen Speise auf Sizilien zu lesen ist. Heute wird Pasta in jeder italienischen Region verzehrt und hat sich seit der Wende zum 20. Jahrhundert zum Grundnahrungsmittel der Italiener entwickelt.

In Italien wird die Hauptmahlzeit des Tages traditionell zur Mittagszeit eingenommen. Zwar gehören zu einem italienischen Menü viele verschiedene Gänge, sie fallen jedoch insbesondere im hektischen Alltag eher klein aus oder werden zuweilen auch ausgelassen. Zunächst werden Antipasti, kleine Appetithäppchen, gereicht. Das Wort setzt sich zusammen aus *ante* (vor) und *pasto* (Mahlzeit), bedeutet also „vor der Mahlzeit". Antipasti gibt es in einer riesigen Auswahl. Sie werden meist kalt serviert, jedoch gibt es auch einige warme Gerichte. Die kleinen Speisen sollen den Appetit anregen. Manchmal bestehen sie lediglich aus ein paar Oliven und fein aufgeschnittenem rohem Schinken; manchmal fallen sie in Form einer Suppe, eines Salats oder einer Bruschetta mit Tomaten und Mozzarella (siehe Seite 37) etwas üppiger aus.

Nach den Antipasti wird die Vorspeise, der erste Gang (*il primo piatto*), serviert – meist ein Pasta- oder Reisgericht. Wegen der doch recht sättigenden Grundzutaten fällt der erste Gang immer eher bescheiden aus. Es folgt ein leichter Hauptgang (*il secondo piatto*), der in der Regel aus einer kleinen Portion Fleisch, Geflügel, Wild oder Fisch besteht oder aber auch aus einem vegetarischen Gericht. Als Beilage wird entweder kurz gegartes Gemüse oder ein kleiner Salat gereicht. Das Hauptgericht ist nicht so üppig wie in anderen Länderküchen; die Zubereitung ist schlicht, damit die Aromen der Zutaten besser zur Geltung kommen. Nur selten wird das Gericht mit einer Sauce oder reichlichen Beilagen serviert.

Zum Abschluss eines italienischen Menüs werden sehr oft frische Früchte oder eine Käseplatte mit ausgesuchten lokalen Käsesorten gereicht. Richtige Desserts werden im Allgemeinen nur zu besonderen Gelegenheiten wie kirchlichen Feiertagen oder familiären Anlässen serviert. Kuchen und Feingebäck genießt man am liebsten zum Kaffee. Italienische Eiscreme ist zu Recht weltberühmt und wird zu jeder Tageszeit und mit größtem Vergnügen geschleckt.

Abends wird eine leichte Mahlzeit wie beispielsweise Antipasti, eine Suppe, ein Omelett oder ein Salat bevorzugt. Abgerundet wird jedes Essen mit einem guten Espresso, der die Verdauung anregen soll.

Italiener lieben gutes Essen und sind wahre Genießer. Holen Sie sich mit den folgenden Rezepten ein wenig italienische Lebensart nach Hause und lassen Sie sich von der Begeisterung für gutes Essen anstecken. *Buon appetito!*

Zwar gilt Italien als Nation der Kaffeetrinker, in Wirklichkeit konsumieren sie aber nur höchstens etwa drei Tassen pro Tag.

Zutaten der italienischen Küche

In der italienischen Küche wird eine wunderbare Vielfalt an köstlichen Zutaten verarbeitet. Das folgende kleine Glossar will Ihnen die wichtigsten vorstellen.

KÄSE

Die Liste italienischer Hart-, Weich- und Frischkäsesorten ist endlos – hier deshalb nur eine kleine Auswahl der bekanntesten Sorten:

Bel Paese, wörtlich übersetzt „schönes Land", stammt ursprünglich aus der Lombardei im Norden Italiens. Der milde halbfeste Schnittkäse wird aus Kuhmilch hergestellt und erinnert im Geschmack an Butterkäse. Er wird aufgrund seines guten Schmelzverhaltens gerne in der Küche benutzt.

Fontina wird im Aosta-Tal im Nordwesten Italiens hergestellt, und seine Geschichte geht vermutlich bis ins 13. Jahrhundert zurück. Ein echter Fontina trägt die Herkunfts- und Qualitätsbezeichnung *Denominazione d'Origine Protetta* (DOP). Fontina ist ein halbfester Kuhmilchkäse mit nussigem Aroma, der sich wegen seiner guten Schmelzeigenschaften hervorragend zum Kochen eignet.

Gorgonzola ist ein Blauschimmelkäse aus der gleichnamigen lombardischen Stadt. Er wird aus Kuhmilch hergestellt und hat ein buttriges Aroma. *Gorgonzola piccante* hat einen würzigeren, pikanteren Geschmack, während *Gorgonzola dolce* (dolce = süß) eher mild ist. Gorgonzola schmilzt gut und wird daher gern für Saucen oder Risottos verwendet. *Torta di San Gaudenzio* nennt sich eine Käsetorte aus Gorgonzola und Mascarpone. *Dolcelatte* hingegen ist ein sehr mild schmeckender junger, cremiger Gorgonzola.

Mascarpone, ein milder, cremiger Frischkäse, stammt aus der südlichen Lombardei und wird in Süßspeisen wie Tiramisu und Cremes verwendet. In Saucen kann er anstelle von Crème fraîche eingesetzt werden.

Mozzarella, ein mittelweicher, relativ geschmacksneutraler Käse, wird meist in Kugelform angeboten. Er hat hervorragende Schmelzeigenschaften und wird daher gern für Pizzas verwendet. Beim berühmten *Insalata Caprese* wird er mit Tomaten und Basilikum kombiniert und mit Olivenöl beträufelt. Ursprünglich wurde Mozzarella aus Büffelmilch hergestellt. *Mozzarella di Bufala Campana* hat einen stärkeren Eigengeschmack und eine weichere Struktur als die Kuhmilchvariante. Mozzarella wird, in Salzlake oder Molke schwimmend, meist in Folienbeuteln verkauft.

Parmesan ist neben Mozzarella der bekannteste italienische Käse. Nur in seiner Heimatregion Parma hergestellter Käse darf die Bezeichnung *Parmigiano Reggiano* tragen. Meist wird er gerieben über Nudeln, Risotto, Polenta oder Suppen gestreut, bei Ofengerichten allerdings auch gratiniert oder auf einer Käseplatte mit Brot und Wein verzehrt. Ebenso wie Parmesan gehört auch *Grana Padano* zu den Hartkäsen mit körniger Struktur (ital.: *grana*). Er ähnelt dem Parmesan, ist jedoch kürzer gereift und hat ein weniger ausgeprägtes Aroma. Greifen Sie möglichst zu Parmesan am Stück und reiben Sie ihn frisch. So ist er bedeutend schmackhafter als abgepackte Ware.

Der aus Süditalien stammende *Provolone* ist an seiner charakteristischen Birnen- oder Flaschenform zu erkennen. Der mit einer Paraffinschicht ummantelte Schnittkäse wird aus Kuhmilch hergestellt und jung, mittelalt oder alt angeboten. Er eignet sich zum Kochen, schmeckt aber auch pur sehr gut. *Provola* und *Caciocavallo* sind kleinere Versionen des Provolone. Letzterer sieht aus wie zwei kleine Satteltaschen. *Burrino* ist ein Provola mit einem Kern aus Butter.

Ricotta wird aus Süßmolke, einem Restprodukt bei der Käseherstellung, gewonnen. Unter Zugabe von Milch/Rahm wird daraus ein quarkartiger weicher, weißer Frischkäse hergestellt. Aufgrund seines milden, feinsäuerlichen Aromas eignet sich Ricotta als Pastafüllung, für Desserts und Kuchen und wird besonders im Süden Italiens sowie auf den Inseln Sizilien und Sardinien verwendet.

Taleggio ist ein norditalienischer Weichkäse aus Kuhrohmilch mit einer kurzen Reifezeit von sechs bis zehn Wochen und einem angenehm würzig-nussigen Aroma.

PANCETTA

Dieser gesalzene und gewürzte Bauchspeck vom Schwein wird gerollt und ist entweder am Stück oder in hauchdünnen Scheiben erhältlich. Magere Pancetta kann so als Aufschnitt serviert werden. Meist wird Pancetta jedoch gewürfelt und gebraten, um Suppen, Saucen und Füllungen zu würzen.

PROSCIUTTO

Italienischer Schinken – *prosciutto* – wird eingeteilt in *prosciutto cotto* (gekochter Schinken) und *prosciutto crudo* (roher Schinken). Der bekannteste Vertreter der zweiten Gruppe dürfte der Parmaschinken, *prosciutto di Parma*, sein. Der luftgetrocknete Schinken reift mindestens acht Monate, zuweilen sogar bis zu zwei Jahre. Schinken mit DOP-Siegel muss von bestimmten Schweinerassen stammen und in der Provinz Parma in der Emilia-Romagna hergestellt werden. Der hauchdünn aufgeschnittene Schinken ist sehr zart, hat eine hellrote Farbe und ein mild-rauchiges Aroma. Traditionell wird er mit Melone oder Feigen als Antipasto serviert. *Prosciutto di San Daniele* ist ein ähnlich hochwertiger luftgetrockneter Schinken mit rosa Farbe und einem aromatisch-milden Geschmack.

Aufgrund seiner cremig-weichen Konsistenz ist Gorgonzola ideal zum Kochen.

OLIVENÖL

Für die Herstellung von Olivenöl werden Oliven kurz vor der Reife zerkleinert und das Öl herausgepresst. Die feinsten Olivenöle stammen aus Ligurien und der Toskana. Generell werden Farbe und Aroma der Öle kräftiger, je weiter südlich sie produziert werden. Ein gutes Olivenöl sollte dickflüssig und von sattgrüner Farbe sein sowie nach grünen Oliven schmecken. Das hochwertige native Olivenöl extra (*extra vergine*; Güte-

klasse I) wird aus erster Pressung hergestellt und ist kalt gepresst, d. h. ohne Wärmeeinwirkung oder chemische Behandlung. Natives Olivenöl extra weist einen Säuregehalt von maximal einem Prozent auf, während der Säuregehalt von nativem Olivenöl (Güteklasse II) bei höchstens zwei Prozent liegt. Einfaches Olivenöl gehört zur Güteklasse VI und ist eine Mischung aus raffiniertem und nativem Olivenöl. Es kann gut erhitzt werden und ist gut zum Braten geeignet, wohingegen hochwertigere Öle zu schade dafür sind: Aroma und Inhaltstoffe würden darunter leiden. Olivenöl flockt bei niedrigen Temperaturen aus, was aber keine geschmackliche Beeinträchtigung zur Folge hat. Angebrochene Flaschen sollten möglichst dunkel gelagert und rasch aufgebraucht werden.

ESSIG

In Italien verwendet man Rot- und Weißweinessige für Dressings, Saucen und Marinaden. Fisch- und Fleischgerichte werden auch gern mit einem Spritzer des beliebten Balsamico-Essigs verfeinert. *Aceto balsamico* stammt ursprünglich aus Modena (Emilia-Romagna) und wird aus spät gelesenen weißen Trebbiano-Trauben hergestellt. Der Essig wird über mehrere Jahre in immer kleinere Fässer umgefüllt, und junge Essige (bis zu zwölf Jahre) werden mit sehr alten (bis zu 100 Jahre) gemischt. Die Fässer sind aus unterschiedlichen aromatischen Harthölzern, wie z. B. Eiche oder Edelkastanie, die ihr Aroma auf den Essig übertragen. Auf diese Weise entsteht ein dunkler, sirupartiger Essig mit der geschützten Herkunftsbezeichnung *Aceto balsamico tradizionale di Modena*.

Balsamico tradizionale muss mindestens zwölf Jahre alt sein, um seine Bezeichnung zu verdienen. Die Bezeichnung „Aceto balsamico" hingegen ist nicht geschützt und kann von jedem Essighersteller genutzt werden.

MARSALA

Marsala ist ein aufgespritzter Süßwein, der in den Qualitäten trocken, halbtrocken und süß angeboten wird. Er wird in der italienischen Küche sehr gern für Süßspeisen wie Zabaglione oder Marsala-Kirschen verwendet, aber auch für herzhafte Gerichte mit Kalb- und Schweinefleisch oder Risottos.

KAPERN

Kapern sind die Blütenknospen des Echten Kapernstrauchs. Sie sind ein wichtiger Bestandteil der italienischen Küche und werden im Ganzen oder zerdrückt, insbesondere für Fisch- und Kalbfleischgerichte, Saucen und Füllungen verwendet. Sie werden in unterschiedlichen Größen, eingelegt in Essig oder Salzlake, angeboten. Sizilianische Kapern werden traditionell in Meersalz konserviert.

SARDELLEN

Eingelegte Sardellen werden in Italien zum Würzen vieler Speisen verwendet (siehe *Bagna cauda*, Seite 12), insbesondere aber für Saucen und Antipasti. Erhältlich sind sie im Ganzen oder filetiert (auch „Anchovis" genannt), eingelegt in Öl oder Salz, in Gläsern oder Dosen. In Salz eingelegte Sardellenfilets sollten vor der Weiterverarbeitung 30 Minuten gewässert, dann abgespült und trocken getupft werden.

PINIENKERNE

Pinien sind in Italien sehr verbreitet, insbesondere in Ligurien im Nordwesten des Landes. Die Kerne werden aus den Pinienzapfen gelöst und von ihrer harten Schale befreit. Sie haben ein wunderbar mild-nussiges

Aroma. Zum Einsatz kommen Sie in Salaten, Füllungen, Kuchen und Feingebäck sowie im berühmten italienischen Pesto. Pinienkerne haben einen hohen Fettanteil und werden deshalb schnell ranzig. Geöffnete Packungen sollten also schnell aufgebraucht werden.

MARONEN
Maronen (Esskastanien) wachsen in den Bergregionen Italiens und haben in den frühen Wintermonaten Saison. Sie werden in Suppen, Eintöpfen und Süßspeisen verarbeitet, aber auch gern geröstet genossen. Sie sind frisch oder bereits geschält vakuumverpackt oder in Dosen erhältlich.

STEINPILZE
Diese herrlich aromatischen Waldpilze sind im Frühjahr und Herbst frisch erhältlich sowie das ganze Jahr hindurch in getrockneter Form. Getrocknete Pilze mit ihrem intensiven, konzentrierten Aroma müssen vor der Weiterverarbeitung einige Zeit in Wasser eingeweicht werden. Sie sind ideal zum Aromatisieren von Suppen, Risottos, Saucen, Füllungen und Fleischgerichten.

TOMATEN
Tomaten in jeder Form sind Hauptbestandteil der italienischen Küche. Geschälte Tomaten aus der Dose sind übrigens ein sehr guter Ersatz für Frischware, da sie vollreif geerntet und sofort verarbeitet werden (1 kleine Dose geschälte Tomaten entspricht etwa 1 kg frischen Tomaten). Tomatenmark ist gut geeignet, um den Tomatengeschmack zu verstärken oder Gerichte zu aromatisieren.

KNOBLAUCH
Dieses Lauchgewächs mit dem scharf-aromatischen Geschmack ist Bestandteil vieler italienischer Gerichte und wird vor allem im Süden des Landes gerne verwendet. Meist wird Knoblauch zum Würzen von Fleisch-, Fisch- oder Gemüsegerichten eingesetzt, manchmal auch roh verzehrt, wie beispielsweise im Pesto.

OLIVEN
Die Früchte der immergrünen Olivenbäume sind je nach Region und Sorte von unterschiedlicher Größe und unterschiedlicher Färbung. Sie werden unreif (grün) oder reif (violett bis schwarz) geerntet. Rohe Oliven sind ungenießbar bitter und hart und müssen zunächst behandelt werden (meist in Salzlake oder Natronlauge), bevor sie pur oder eingelegt, mit oder ohne Stein, gefüllt, in Ringen oder ganz in den Handel kommen.

KRÄUTER UND GEWÜRZE
Frische Kräuter sind elementar für die italienische Küche. Rosmarin ist besonders in der Toskana und in Mittelitalien beliebt und wird dort zum Aromatisieren von gebratenem und gegrilltem Lamm oder Huhn genutzt. Mit Salbei würzt man vornehmlich im Norden Italiens, z. B. Schweinefleisch oder Kalbsleber, aber auch glatte Petersilie wird häufig verwendet. Oregano darf auf keiner Pizza fehlen, und aus dem italienischsten aller Kräuter, Basilikum, wird unter anderem das leuchtend grüne, köstliche *Pesto genovese* hergestellt.

Neben frisch gemahlenem schwarzem Pfeffer ist Muskat das in Italien am häufigsten eingesetzte Gewürz. Ob in der herzhaf-

Auf einer italienischen Vorspeisenplatte zeigt sich die ganze Vielfalt italienischer Produkte – von süßen Feigen über fangfrische Garnelen und eingelegte Sardellen bis hin zu Oliven und Mozzarella.

ten oder süßen Küche: Muskat sollte immer frisch gerieben verwendet werden.

MEHL

Italienisches Mehl Type 00 (*Farina di grano tenero tipo „00"*) wird aus Weichweizen gewonnen und ist sehr fein ausgemahlen. Besonders geeignet ist es für die Herstellung von Pizzateig und Kuchen. Alternativ kann deutsches Weizenmehl der Typen 405 oder 550 verwendet werden. Für die Pastaherstellung empfiehlt sich hingegen Hartweizenmehl oder -grieß (*Farina* bzw. *Semola rimacinata di grano duro*). Es hat einen deutlich höheren Proteingehalt (Kleber) und eine feinkörnige Struktur und ist mittlerweile auch hierzulande in gut sortierten Supermärkten erhältlich. Alternativ kann doppelgriffiges Weizenmehl, gelegentlich auch als „Spätzlemehl" bezeichnet, verwendet werden.

PASTA

Pastateig wird aus Hartweizenmehl oder -grieß, Wasser und Salz hergestellt, dem bisweilen noch Ei oder Öl beigemengt werden. Erhältlich ist Pasta in zahlreichen Formen und Größen – von winzigen Suppennudeln bis zu großen Lasagne-Platten – sowie in verschiedenen Farben, die durch die Zugabe von Spinat, Tomaten, Roter Bete, Sepia oder Kräutern entstehen. Die Namen all dieser Pastasorten variieren von Region zu Region und überdies von Hersteller zu Hersteller. Zuletzt wurden über 650 verschiedene Pastasorten gezählt. Erhältlich sind sie frisch oder getrocknet – man kann sie aber auch selbst herstellen (siehe Seite 25).

Dieses Buch stellt Ihnen eine Reihe von Pastagerichten mit köstlichen Saucen vor. Dabei gilt die Faustregel: Kurze Röhrennudeln, Spiralen und Muschelformen mit ihren Hohlräumen werden zu dicken, stückigen Saucen wie Fleisch-, Fisch- und Gemüsesaucen serviert. Lange, dünne Pasta eignet sich hingegen besser für glatte Saucen wie Tomatensauce oder Pesto.

Servieren Sie Pastagerichte immer frisch gekocht in tiefen Tellern – so bleiben sie länger heiß und lassen sich besser in der Sauce wenden. Italiener drehen ihre Spaghetti übrigens immer nur mit der Gabel und nehmen nie einen Löffel zu Hilfe.

So kochen Sie Pasta richtig:

- Verwenden Sie einen großen, hohen Topf und füllen Sie ihn mit reichlich Wasser (1 l Wasser pro 100 g Pasta).
- Geben Sie die Pasta erst in den Topf, wenn das Wasser sprudelnd kocht, und rühren Sie anfangs gut um, damit die Nudeln nicht verklumpen.
- Getrocknete Pasta muss sprudelnd kochen; frische Pasta, Ravioli, Gnocchi und Co. sollten knapp unter dem Siedepunkt gar ziehen.
- Kochen Sie die Pasta nicht zu lange, sie sollte *al dente* (bissfest) sein.
- Schrecken Sie gekochte Nudeln nicht ab.

REIS

Die meisten Reisfelder finden sich im Norden, wo sie die Landschaft nachhaltig geprägt haben. Reis wird in verschiedene Größen eingeteilt: *originario* ist die kleinste Sorte und für Milchreis ideal; zu *semifino* gehören Reissorten wie Vialone und Nano, während Arborio und Carnaroli zu den langen Sorten zählen. Letztere sind besonders gut für Risottos geeignet, da die stärkehaltigen runden Körner dank ihrer besonderen Textur beim

Garen auf das Dreifache aufquellen, dabei aber fest bleiben. Nur mit diesen Reissorten erzielt man die gewünschte cremige Konsistenz, die einen perfekten Risotto auszeichnet.

So kochen Sie Risotto richtig:

- Verwenden Sie einen breiten Topf oder eine Pfanne mit großer Auflagefläche auf der Hitzequelle.
- Verwenden Sie zum Rühren vorzugsweise einen Holz- statt eines Metalllöffels. Dieser ist weicher und kann die Reiskörner nicht beschädigen.
- Die Brühe, mit der der Risotto gekocht wird, sollte unbedingt sehr heiß sein, damit es keine Temperaturunterschiede gibt.
- Rühren Sie den Reis kontinuierlich nur in einer Richtung, um die Körner nicht zu beschädigen.
- Lassen Sie den Risotto vor dem Servieren 2–3 Minuten ruhen, damit sich die Aromen vollständig entwickeln.

GRIESS
Gröber ausgemahlener Grieß aus Hartweizen wird unter anderem für die Herstellung von Gnocchi verwendet. Feiner gemahlener Hartweizengrieß wird zur Pastaherstellung eingesetzt und auch zum Bestreuen von frischen Teigwaren, damit sie nicht aneinanderkleben.

POLENTA
Der Begriff bezeichnet sowohl die Zutat Maisgrieß als auch einen aus Maisgrieß zubereiteten Brei, der zu den Spezialitäten Norditaliens gehört. Maisgrieß wird grob, mittelfein und fein ausgemahlen angeboten. Der Grieß wird unter ständigem Rühren in Wasser oder einer Mischung aus Milch und Wasser eingestreut und weiter zu einem cremigen bis schnittfesten Brei gekocht. Polenta hat nur wenig Eigengeschmack und wird gewöhnlich mit kräftig gewürzten Speisen oder Saucen serviert. Sehr feste Polenta kann nach dem Abkühlen in Stücke geschnitten und gebraten oder gegrillt werden.

Wichtige Küchen-utensilien

Neben der üblichen Küchenausstattung, wie scharfen Messern, Holzlöffeln und einem großen Topf zum Kochen der Pasta, gibt es spezielle Utensilien, die Ihnen die Zubereitung von italienischen Gerichten erleichtern. Wenn Sie also häufiger italienisch kochen, könnte ihre Anschaffung sinnvoll sein.

EISMASCHINE
Eismaschinen zur Herstellung von Speiseeis sind in zwei verschiedenen Ausführungen erhältlich. Die eine wird mit einer Handkurbel oder einem Elektromotor betrieben und entzieht der Eismasse die Wärme durch einen Kühlakku. Die andere verfügt wie ein Kühlschrank über ein Kühlelement. Bei beiden Varianten wird das Ergebnis cremiger und weicher, als wenn man die Eismasse einfach nur in das Gefrierfach stellt.

KNOBLAUCHPRESSE
Statt den Knoblauch mit einem Messer fein zu hacken, kann er auch in einer Knoblauchpresse zerdrückt werden, was laut neuesten Studien auch am gesündesten ist.

MÖRSER MIT STÖSSEL
Mörser werden aus Holz, Steinzeug oder Marmor hergestellt und zum Zerdrücken und Zerstoßen von Kräutern und Gewürzen genutzt. Ein großer, tiefer und schwerer Mörser erleichtert die Arbeit.

MUSKATREIBE
Muskat sollte immer frisch gerieben zum Gericht gegeben werden, da er so viel aromatischer ist.

NUDELLÖFFEL UND SPAGHETTIZANGE
Diese Geräte erleichtern die Entnahme von langen Nudeln aus dem Topf. Der Nudellöffel ist eine Mischung aus Schöpflöffel und Suppenkelle, die Spaghettizange eine großzackige Zange, mit der nicht nur lange Nudeln gut gegriffen werden können.

NUDELMASCHINE
Wenn Sie häufig Pasta selbst herstellen, lohnt sich die Anschaffung einer Nudelmaschine. Dieses Walz- und Schneidegerät wird meist manuell mit einer Kurbel betrieben und erleichtert das Ausrollen des Pastateigs. Je nach Bedarf lassen sich Nudelplatten oder -streifen herstellen; manche Modelle haben zudem besondere Vorrichtungen für die Herstellung von Spaghetti und Ravioli. Überdies gibt es Küchenmaschinen mit speziellen Nudelaufsätzen. Elektrische Nudelmaschinen rollen und schneiden den Teig nicht nur, sondern rühren ihn auch an. Die Anschaffung ist jedoch kostspielig und nicht unbedingt sinnvoll.

PARMESANMESSER
Für Hartkäse wie Parmesan benötigt man ein spezielles Messer, das den Käse nicht abschneidet, sondern in kleinen Stücken abbricht. Man kann es auch nutzen, um Späne oder Scheiben abzuschaben.

PARMESANREIBE
Auf fast jedes Pastagericht kommt zum Schluss noch Parmesan – frisch gerieben mit einer speziellen, feinen Parmesanreibe aus

Metall. Mit einem Parmesanhobel kann man feine Späne vom Käse ablösen.

PIZZAFORM

Pizzaformen sind runde Backformen aus (beschichtetem) Metall (24–30 cm Durchmesser) mit sehr niedrigem Rand. Mit einem Pizzastein lassen sich die Bedingungen in einem Steinbackofen nachahmen. Der Pizzastein wird in den Ofen gelegt und mindestens eine Stunde vorgeheizt. Die Pizza wird zum Backen direkt daraufgelegt.

PIZZARAD

Mit diesem radförmigen, scharfen Messer lassen sich Pizzas schnell und einfach in Stücke teilen.

SALATSCHLEUDER

Eine Salatschleuder besteht meist aus einer Plastikschüssel mit eingesetztem Sieb, in dem die gewaschenen Salatblätter über eine Kurbel oder Reißleine im Deckel trocken geschleudert werden.

TEIGRÄDCHEN

Dieses Werkzeug dient zum Ausschneiden von Pasta oder gefüllter Pasta wie Ravioli. Im Gegensatz zu einem Messer verzieht es den Teig nicht und hinterlässt eine saubere Kante. Es gibt sie mit glattem oder gewelltem Rad.

TEIGROLLE

Auch „Nudelholz" genanntes Werkzeug , das zum Teigausrollen dient. Italienische Teigrollen sind mindestens 70 cm lang.

POLENTA-UTENSILIEN

Polenta spritzt beim Kochen recht stark, muss aber kontinuierlich gerührt werden. Deshalb ist ein Holzlöffel mit langem Stiel ganz nützlich. Für die Herstellung von großen Polenta-Mengen ist die Verwendung eines *paiolo* genannten Kupferkessels zu empfehlen. Ein großer, hoher Fleischtopf mit schwerem Boden ist eine gute Alternative.

RAVIOLI-UTENSILIEN

Mit einem Ravioli-Rädchen, einem etwas größeren Teigrädchen, lassen sich Teigflecken mit dekorativ gezacktem Rand herstellen. Mit einer Ravioli-Walze kann man durch Rollen über den Teig regelmäßige Formen ausstechen. Ein Ravioli-Brett ist eine längliche Form aus Metall mit Vertiefungen. Der ausgerollte Teig wird über das Brett gelegt und leicht in die Vertiefungen gedrückt. Dann wird etwas Füllung hineingegeben, eine weitere Teigschicht darübergelegt und die Pasta durch Überrollen mit einer Teigrolle geschnitten.

WIEGEMESSER

Dieses sichelartige Messer mit zwei Griffen wird genutzt, um Kräuter, Nüsse usw. zu hacken. Häufig wird es im Set mit einem Holzbrett mit einer leichten Mulde angeboten. Um größere Mengen zu hacken, ist ein Mixer zweifellos schneller, aber gerade bei kleineren Mengen ist ein Wiegemesser sehr praktisch. Zudem lässt sich der Feinheitsgrad des Gehackten besser kontrollieren.

ZESTENREISSER

Ein kleines Küchenwerkzeug, mit dem die Schale von Zitrusfrüchten in dünnen Streifen (Zesten) abgeschabt werden kann. Zesten werden meist zum Aromatisieren und Dekorieren von Kuchen und Desserts verwendet.

Für 2 Pizzas

Grundrezept Pizzateig

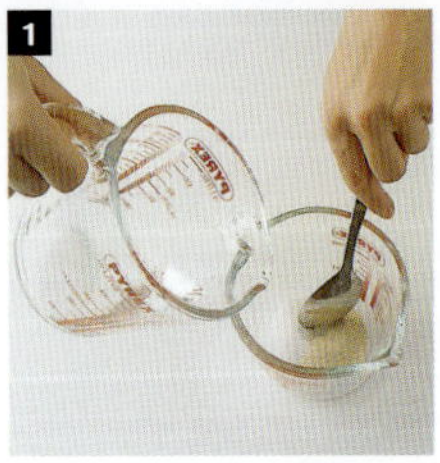

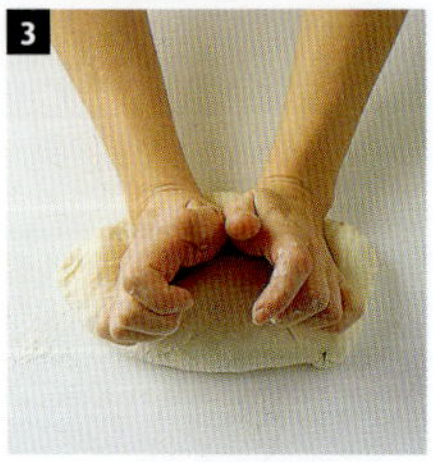

ZUTATEN
1 Päckchen Trockenbackhefe
1 TL Zucker
250 ml lauwarmes Wasser
350 g Weizenmehl Type 550
1 TL Salz
1 EL Olivenöl

1 Hefe und Zucker in einen Messbecher geben und mit 50 ml Wasser verrühren. Etwa 15 Minuten quellen lassen, bis die Hefe Bläschen wirft.

2 Das Mehl mit dem Salz in einer großen Schüssel vermengen. Eine Vertiefung in die Mitte drücken. Das Öl, die angerührte Hefe und das restliche Wasser zugießen und mit den Trockenzutaten zu einem glatten Teig verarbeiten.

3 Den Teig auf einer bemehlten Arbeitsfläche 4–5 Minuten kneten, bis er weich und geschmeidig ist.

4 Den Teig zurück in die Schüssel geben. Mit einem angefeuchteten, sauberen Tuch abdecken und 30 Minuten gehen lassen, bis sich das Teigvolumen verdoppelt hat.

5 Den aufgegangenen Teig noch einmal 2 Minuten durchkneten. Von Hand kreisrund ausziehen. Auf eingefettete Backbleche legen und mit den Handballen zu glatten Kreisen drücken. Der Teig sollte nicht dicker als 6 mm sein, da er beim Backen noch aufgeht.

Für 4 Personen

Grundrezept Nudelteig

ZUTATEN

300 g Weizenmehl Type 405, plus etwas mehr zum Bestäuben
1 TL Salz
1 EL Olivenöl
2 Eier

1 Die Arbeitsfläche leicht mit Mehl bestäuben. Mehl und Salz auf die Arbeitsfläche sieben und eine kleine Vertiefung in die Mitte drücken.

2 Olivenöl und Eier hineingießen und mit den Fingern nach und nach mit den Trockenzutaten zu einem glatten Teig kneten. Falls nötig, 2–3 Esslöffel Wasser einarbeiten, damit ein weicher Teig entsteht.

3 Den Teig 8–10 Minuten kräftig kneten, bis er geschmeidig und elastisch ist. In einen Plastikbeutel geben oder in Frischhaltefolie schlagen und 30 Minuten im Kühlschrank ruhen lassen.

4 Den Teig halbieren. Ein Küchentuch auf der Arbeitsfläche ausbreiten und mit Mehl bestäuben. Eine Teighälfte auf das Tuch legen und gleichmäßig ausrollen, bis der Teig so dünn ist, dass das Muster des Tuchs durchscheint. Den Teig mit einem zweiten Tuch bedecken und nun die zweite Teighälfte ausrollen. Alternativ den Teig mehrmals durch eine Nudelmaschine drehen.

5 Den Teig mithilfe eines Lineals und eines scharfen Messers oder eines Teigrädchens in die gewünschte Form schneiden (Lasagne-Platten, Tagliatelle usw.). Alternativ die Teigblätter in der Nudelmaschine verarbeiten.

6 Um die Nudeln zu trocknen, ein Küchentuch über eine Stuhllehne legen und die Nudeln 30–45 Minuten darüberlegen.

Ergibt 300 ml

Tomatensauce

ZUTATEN
2 EL Olivenöl
1 kleine Zwiebel, gehackt
1 Knoblauchzehe, gehackt
400 g gehackte Tomaten aus der Dose
2 EL frisch gehackte Petersilie
1 TL getrockneter Oregano
2 Lorbeerblätter
2 EL Tomatenmark
1 TL Zucker
Salz und Pfeffer

1 Das Öl in einem Topf erhitzen und die Zwiebel bei mittlerer Hitze 2–3 Minuten glasig dünsten. Den Knoblauch zugeben und 1 Minute andünsten.

2 Tomaten, Petersilie, Oregano, Lorbeerblätter, Tomatenmark und Zucker unterrühren und mit Salz und Pfeffer würzen.

3 Die Sauce aufkochen, dann 15–20 Minuten ohne Deckel köcheln lassen, bis sie auf die Hälfte reduziert ist. Die Sauce mit Salz und Pfeffer abschmecken. Die Lorbeerblätter unmittelbar vor dem Servieren entfernen. Die Sauce hält sich in einem Schraubglas im Kühlschrank bis zu einer Woche.

Ergibt 300 ml

Béchamelsauce

ZUTATEN
300 ml Milch
2 Lorbeerblätter
1 kleine Zwiebel
3 Gewürznelken
60 g Butter, plus etwas mehr zum Einfetten
3 EL Mehl
300 g Sahne
1 große Prise frisch geriebene Muskatnuss
Salz und Pfeffer

1 Die Milch mit den Lorbeerblättern in einen kleinen Topf geben. Die Zwiebel mit den Nelken spicken, in die Milch geben und aufkochen. Den Topf vom Herd nehmen und die Milch etwas abkühlen lassen.

2 Die Milch durch ein Sieb in einen Messbecher abgießen und den Topf ausspülen. Die Butter im Topf zerlassen. Das Mehl einstreuen und 1 Minute unter Rühren anschwitzen. Dann die Milch langsam unter ständigem Rühren zugießen. Die Sauce 3 Minuten unter Rühren köcheln lassen, dann die Sahne zugießen und die Sauce erneut aufkochen. Den Topf vom Herd nehmen und die Sauce mit Muskat, Salz und Pfeffer abschmecken.

Ergibt 120 ml

Pesto genovese

ZUTATEN
40 frische Basilikumblätter
3 Knoblauchzehen, zerdrückt
25 g Pinienkerne
50 g Parmesan, frisch gerieben
2–3 EL natives Olivenöl extra
Salz und Pfeffer

1 Die Basilikumblätter abspülen und trocken tupfen. Basilikum, Knoblauch, Pinienkerne und Parmesan im Mixer 30 Sekunden glatt pürieren. Alternativ die Zutaten im Mörser zerstoßen.

2 Das Olivenöl bei laufendem Motor in einem dünnen Strahl zugießen. Alternativ im Mörser das Öl tropfenweise in die Paste einarbeiten. Das Pesto mit Salz und Pfeffer abschmecken.

Ergibt 2 Liter

Hühnerbrühe

ZUTATEN
1 Suppenhuhn (1 kg)
2 Selleriestangen
1 Zwiebel
2 Karotten
1 Knoblauchzehe
einige Petersilienzweige
2 l Wasser
Salz und Pfeffer

1 Alle Zutaten in einen großen Topf geben und bei mittlerer Hitze zum Kochen bringen. Dabei regelmäßig den Schaum von der Oberfläche abschöpfen.

2 Dann die Hitze reduzieren und die Brühe bei halb aufgesetztem Deckel 2 Stunden köcheln lassen. Den Topf vom Herd nehmen und die Brühe auskühlen lassen.

3 Ein Sieb mit sauberem Musselin auslegen und auf eine Schüssel setzen. Das Huhn aus der Brühe nehmen. Die Brühe durch das Sieb passieren. Die im Sieb zurückbleibenden Zutaten entsorgen. Die Brühe abdecken und in den Kühlschrank stellen.

4 Das fest gewordene Fett von der Oberfläche abschöpfen. Die Brühe hält sich in einem geschlossenen Behälter im Kühlschrank bis zu 4 Tage. Alternativ kann sie in kleinen Portionen eingefroren werden.

Ergibt 2 Liter

Gemüsebrühe

ZUTATEN
250 g Schalotten
1 große Karotte, gewürfelt
1 Selleriestange, gewürfelt
½ Fenchelknolle
1 Knoblauchzehe
1 Lorbeerblatt
einige Petersilien- und Estragonzweige
2 l Wasser
Pfeffer

1 Alle Zutaten in einen großen Topf geben und bei mittlerer Hitze zum Kochen bringen. Dabei regelmäßig den Schaum von der Oberfläche abschöpfen.

2 Dann die Hitze reduzieren und die Brühe bei halb aufgesetztem Deckel 45 Minuten köcheln lassen. Den Topf vom Herd nehmen und die Brühe auskühlen lassen.

3 Ein Sieb mit einem sauberen Musselin auslegen und auf eine Schüssel setzen. Die Brühe durch das Sieb passieren. Die im Sieb zurückbleibenden Zutaten entsorgen. Die Brühe abdecken und in den Kühlschrank stellen.

4 Die Brühe ist in einem geschlossenen Behälter im Kühlschrank bis zu 3 Tage haltbar. Alternativ kann sie in kleinen Portionen eingefroren werden.

Erstes Kapitel

ANTIPASTI
Vorspeisen, Suppen & Salate

Im folgenden Kapitel präsentieren wir Ihnen eine Auswahl verschiedener kleiner Speisen, die garantiert jedem schmecken. Wollen Sie Antipasti als Vorspeise servieren, so richten Sie einige Gerichte portioniert auf Serviertellern an oder als Auswahl auf einer großen Platte. Manche Rezepte sind auch als leichte Hauptgerichte geeignet.

Suppen sind ideal als Einstieg für ein Menü, können aber auch als Hauptmahlzeit genossen werden. Gleiches gilt für die Salatrezepte. Sie haben also die Qual der Wahl!

4 Personen | Vorbereitung 10 min | Garzeit 45 min

Crostini alla fiorentina

Sie können diese knusprig gerösteten Brotscheiben als Vorspeise servieren oder abends als Cocktailhäppchen reichen.

ZUTATEN
3 EL Olivenöl
1 Zwiebel, gehackt
1 Selleriestange, gehackt
1 Karotte, gehackt
1–2 Knoblauchzehen, zerdrückt
125 g Hühnerleber
125 g Kalbs-, Lamm- oder Schweineleber
150 ml Rotwein
1 EL Tomatenmark
2 EL frisch gehackte Petersilie
3–4 eingelegte Sardellenfilets, fein gehackt
2 EL Brühe oder Wasser
Salz und Pfeffer
2–3 EL Butter
1 EL Kapern
frisch getoastetes Brot, zum Servieren
frisch gehackte Petersilie, zum Garnieren

Das Olivenöl in einer Pfanne erhitzen. Zwiebel, Sellerie, Karotte und Knoblauch darin 4–5 Minuten bei kleiner Hitze dünsten, bis die Zwiebel glasig, aber nicht gebräunt ist.

Inzwischen die Hühnerleber abspülen und mit Küchenpapier trocken tupfen. Die Kalbsleber trocken tupfen und in Streifen schneiden. Die Leber in die Pfanne geben und bei kleiner Hitze einige Minuten rundum anbräunen.

Die Hälfte des Weins zugeben und etwas einkochen. Dann den restlichen Wein, Tomatenmark, die Hälfte der Petersilie, Sardellenfilets, Brühe oder Wasser sowie etwas Salz und reichlich schwarzen Pfeffer zufügen.

Bei geschlossenem Deckel unter gelegentlichem Rühren 15–20 Minuten köcheln lassen, bis die Leber zart und fast alle Flüssigkeit verdampft ist.

Etwas abkühlen lassen, dann entweder grob hacken oder pürieren.

Die Masse wieder in die Pfanne geben. Butter, Kapern und restliche Petersilie untermischen und sanft erhitzen, bis die Butter schmilzt. Abschmecken und in eine Schüssel füllen. Warm oder kalt auf die Brotscheiben geben und mit Petersilie bestreut servieren.

4 Personen | Vorbereitung 10 min | Garzeit 50 min

Pastatörtchen mit Tomatensauce

Bei diesen Törtchen werden dünne Spaghetti, Cappellini genannt, mit Porree, getrockneten Tomaten, Oregano und Ei gemischt und in Förmchen im Wasserbad gegart.

ZUTATEN

100 g Cappellini
2 EL Butter, plus etwas mehr für die Sauce
1 EL Olivenöl, plus etwas mehr für die Sauce
1 große Porreestange, in dünnen Scheiben
50 g getrocknete Tomaten in Öl, abgetropft und gehackt
1 EL frisch gehackter oder 1 TL getrockneter Oregano
2 Eier, verquirlt
100 g Sahne
1 EL frisch geriebener Parmesan
Salz und Pfeffer
Oreganozweige, zum Garnieren
Salatblätter, zum Servieren

Tomatensauce

1 kleine Zwiebel, fein gehackt
1 kleine Knoblauchzehe, zerdrückt
350 g Tomaten, gehäutet (siehe Tipp Seite 111) und gehackt
1 TL getrocknete italienische Kräuter
4 EL trockener Weißwein

Die Pasta in einem großen Topf mit Salzwasser 3 Minuten al dente kochen. Das Kochwasser abgießen und die Pasta unter kaltem Wasser abschrecken. Abtropfen lassen.

Inzwischen Butter und Olivenöl in einer Pfanne erhitzen. Den Porree darin 5–6 Minuten weich dünsten. Tomaten und Oregano zufügen und weitere 2 Minuten dünsten. Dann die Pfanne vom Herd nehmen.

Die Porreemischung unter die Pasta heben. Eier, Sahne und Parmesan zufügen. Mit Salz und Pfeffer würzen. Die Masse in 4 eingefettete Förmchen füllen.

Die Förmchen in eine tiefe Backform stellen und diese auf halbe Höhe der Förmchen mit warmem Wasser füllen. Im vorgeheizten Backofen bei 180 °C etwa 30 Minuten garen, bis die Törtchen fest sind.

Inzwischen für die Tomatensauce Zwiebel und Knoblauch in etwas Butter und Öl glasig dünsten. Tomaten, Kräuter und Wein zufügen und bei geschlossenem Deckel 20 Minuten garen. Dann im Mixer pürieren oder durch ein Haarsieb streichen.

Die Törtchen mit einem Messer vom Rand der Förmchen lösen und auf vorgewärmte Servierteller stürzen. Etwas Tomatensauce darübergeben und mit Oregano garnieren. Mit den Salatblättern servieren.

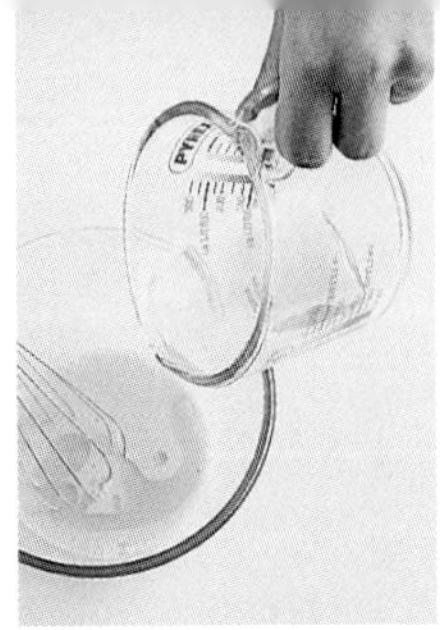

4 Personen | Vorbereitung 10 min | Garzeit 25 min

Gefüllte Tomaten

Die saftigen gegrillten Tomaten werden mit einer selbst gemachten Zitronenmayonnaise und Thunfisch gefüllt.

ZUTATEN
4 Eiertomaten
2 EL Tomatenpesto
2 Eigelb
2 TL Zitronensaft
fein abgeriebene Schale von 1 Zitrone
4 EL Olivenöl
120 g Thunfisch aus der Dose, abgetropft
2 EL Kapern, abgespült
Salz und Pfeffer

Zum Garnieren
2 getrocknete Tomaten, in Streifen
frische Basilikumblätter

Die Tomaten längs halbieren und die Kerne mit einem Löffel herauslösen. Die Tomatenhälften innen mit dem Pesto bestreichen.

Die Tomatenhälften auf ein Backblech setzen und im vorgeheizten Backofen bei 200 °C 12–15 Minuten garen. Etwas auskühlen lassen.

Inzwischen für die Zitronenmayonnaise das Eigelb mit Zitronensaft und -schale mit einem elektrischen Handrührer aufschlagen. Auf kleinster Stufe nach und nach das Olivenöl einrühren, bis die Mayonnaise angedickt ist. Alternativ mit einem Schneebesen so lange schlagen, bis die Mayonnaise die gewünschte Konsistenz hat.

Thunfisch und Kapern unterheben und mit Salz und Pfeffer würzen.

Die Mischung in die Tomatenhälften füllen und mit getrockneten Tomaten und Basilikum garnieren. Einige Minuten im Backofen erhitzen oder kalt servieren.

TIPP
Für ein Picknick die Tomaten nicht rösten, sondern nach dem Aushöhlen mit der Schnittfläche nach unten auf Küchenpapier 1 Stunde abtropfen lassen. Mit der Thunfischmischung füllen. Die Tomaten sind roh fester und besser zu transportieren. Falls Sie fertige Mayonnaise verwenden, nur Zitronenschale unterrühren.

4 Personen | Vorbereitung 10 min | Garzeit 8 min

Überbackene Avocados

Das Olivenöl in einer Pfanne erhitzen. Zwiebel und Knoblauch darin bei kleiner Hitze 2 Minuten weich dünsten.

Die Tomaten wie im Tipp auf Seite 111 beschrieben häuten.

Die Avocadohälften mit den Spitzen zur Mitte hin auf einen großen, hitzebeständigen Teller setzen. Die Zwiebelmischung in die Mulden der Avocados füllen.

Die Tomaten in Spalten schneiden und zusammen mit Basilikum und Mozzarellascheiben auf den Avocados verteilen. Mit Salz und Pfeffer würzen.

Die Avocados 5 Minuten unter dem vorgeheizten Backofengrill gratinieren, bis der Käse geschmolzen ist. Dann die Avocados mit den Salatblättern auf Serviertellern anrichten und mit Basilikum garniert servieren.

In diesem Rezept stehen die Farben von Tomaten, Basilikum und Mozzarella für die Farben der italienischen Flagge.

ZUTATEN
1 EL Olivenöl
1 kleine rote Zwiebel, in Ringen
1 Knoblauchzehe, zerdrückt
2 kleine Tomaten
2 Avocados, halbiert und entsteint
4 frische Basilikumblätter, gehackt
50 g Mozzarella, in dünnen Scheiben
Salz und Pfeffer
gemischte Salatblätter, zum Servieren
frische Basilikumblätter, zum Garnieren

4 Personen | Vorbereitung 10 min | Garzeit 10 min

Tomaten-Mozzarella-Bruschetta

Diese knusprig gerösteten Brotscheiben sind im Handumdrehen zubereitet und bestechen durch Farbe und Aroma.

ZUTATEN
8 große Scheiben Baguette oder 4 Toastbrötchen
4 Knoblauchzehen, zerdrückt
2 EL Butter
1 EL frisch gehacktes Basilikum
4 große, vollreife Tomaten, gehäutet (siehe Tipp Seite 111)
1 EL Tomatenmark
8 entsteinte schwarze Oliven, halbiert
50 g Mozzarella, in Scheiben
Salz und Pfeffer
frische Basilikumblätter, zum Garnieren

Dressing
1 EL natives Olivenöl extra
2 TL Zitronensaft
1 EL Honig

Die Baguettescheiben oder die halbierten Toastbrötchen unter dem vorgeheizten Backofengrill 2–3 Minuten goldbraun rösten. Knoblauch, Butter und Basilikum mischen und auf den Brotscheiben verteilen.

Die Tomaten hacken und mit Tomatenmark und Oliven vermengen. Dann auf die Brotscheiben geben.

Für das Dressing alle Zutaten glatt rühren und die Bruschettas damit beträufeln.

Die Bruschettas mit je 1 Scheibe Mozzarella belegen. Mit Salz und Pfeffer würzen.

Unter dem Backofengrill 1–2 Minuten gratinieren, bis der Käse geschmolzen ist.

Mit frischen Basilikumblättern garnieren und sofort servieren.

VARIATION
Für ein echt italienisches Aroma kann der Zitronensaft durch Balsamico-Essig ersetzt werden.

4 Personen | Vorbereitung 5 min | Garzeit 40 min

Supplì al telefono

Hinter diesem Gericht verbergen sich frittierte Reisbällchen, deren italienischer Name wörtlich „Telefondrähte" bedeutet – eine Anspielung auf die Fäden ziehende Mozzarellafüllung.

ZUTATEN
2 EL Olivenöl
1 mittlere Zwiebel, fein gehackt
1 Knoblauchzehe, zerdrückt
½ rote Paprika, klein gewürfelt
170 g Risotto-Reis, gewaschen
1 TL getrockneter Oregano
400 ml heiße Gemüse- oder Hühnerbrühe (siehe Seite 29)
100 ml trockener Weißwein
75 g Mozzarella
Öl, zum Frittieren
frisches Basilikum, zum Garnieren

Das Öl in einer großen Pfanne erhitzen. Zwiebel und Knoblauch darin 3–4 Minuten glasig dünsten.

Paprika, Reis und Oregano zufügen und 2–3 Minuten unter Rühren dünsten, bis die Reiskörner ölglänzend sind.

Brühe und Wein mischen und kellenweise zum Reis geben. Nach jeder Zugabe so lange rühren, bis die Flüssigkeit aufgesogen ist.

Nach etwa 15 Minuten, wenn die gesamte Flüssigkeit aufgesogen und der Reis gar ist, die Pfanne vom Herd nehmen und den Risotto abkühlen lassen.

Den Mozzarella in 12 Würfel schneiden. Etwa 1 Esslöffel Risotto in die hohle Hand geben, dann einen Käsewürfel in die Mitte drücken und daraus eine Kugel formen.

Reichlich Öl in einem Topf erhitzen, bis ein Brotwürfel in 30 Sekunden braun wird. Je 4 Risotto-Bällchen darin 2 Minuten goldbraun frittieren.

Die fertigen Bällchen mit einem Schaumlöffel aus dem Fett nehmen und auf Küchenpapier abtropfen lassen. Mit etwas frischem Basilikum garnieren und sofort servieren.

VARIATION
Für ein herzhafteres Aroma können Sie vor dem Abkühlen 1 Esslöffel frisch geriebenen Parmesan unter den Risotto rühren.

4 Personen | Vorbereitung 20 min | Garzeit 30 min

Pancetta-Pecorino-Brötchen

Diese Brötchen sind mit frisch zubereitetem Pesto genovese *oder einer Sardellensauce auch eine köstliche Zwischenmahlzeit.*

ZUTATEN
2 EL Butter, plus etwas mehr zum Einfetten
100 g Pancetta
250 g Mehl
2½ TL Backpulver
Salz
100 g Pecorino, frisch gerieben
150 ml Milch, plus etwas mehr zum Bestreichen
1 EL Tomatenketchup
1 TL Worcestersauce
400 g Farfalle
3 EL Pesto genovese (siehe Seite 28) oder Sardellensauce (nach Belieben)
grüner Salat, zum Servieren

Ein Backblech mit Butter einfetten. Die Pancetta unter dem vorgeheizten Backofengrill garen, dann abkühlen lassen und fein hacken.

Mehl, Backpulver und 1 Prise Salz in eine Schüssel sieben. Die Butter mit den Fingern sorgfältig einarbeiten, dann Pancetta und ein Drittel des Käses untermischen.

Milch, Ketchup und Worcestersauce in die Schüssel geben und mit der Mehlmischung sorgfältig zu einem weichen, glatten Teig kneten.

Den Teig auf einer leicht bemehlten Arbeitsfläche zu einem 18 cm großen Kreis ausrollen. Mit Milch bestreichen und in 8 Stücke schneiden.

Die Teigstücke auf das Backblech legen und mit dem restlichen Käse bestreuen. Im vorgeheizten Backofen bei 200 °C 20 Minuten backen.

Inzwischen die Pasta in einem großen Topf mit Salzwasser al dente kochen. Abgießen und abtropfen lassen. Dann die Pasta in eine Schüssel geben. Mit den Brötchen belegen und mit einer Sauce nach Wahl und einem grünen Salat servieren.

4 Personen | Vorbereitung 10 min + 10 min Kühlzeit | Garzeit 0 min

Parmaschinken mit Feigen

Einfacher und leckerer als dieser italienische Vorspeisenklassiker geht es kaum. Der hauchdünn aufgeschnittene Schinken harmoniert prächtig mit den süßen Feigen.

ZUTATEN

175 g Parmaschinken, in dünnen Scheiben
Pfeffer
4 frische Feigen
1 Limette
2 frische Basilikumzweige

Mit einem scharfen Messer sämtliche Fettränder vom Schinken abschneiden. Den Schinken locker und dekorativ auf 4 großen Serviertellern anrichten und mit Pfeffer würzen.

Die Feigen mit einem scharfen Messer längs vierteln oder achteln und die Spalten auf dem Schinken verteilen. Die Limette in 6 Spalten schneiden und je 1 Spalte ebenfalls auf den Schinken setzen. Die restlichen 2 Spalten beiseitelegen. Die Basilikumblätter von den Stielen zupfen und die Teller damit garnieren. Mit Frischhaltefolie abdecken und bis zum Servieren kalt stellen.

Vor dem Servieren die beiden beiseitegelegten Limettenspalten über dem Schinken ausdrücken.

VARIATION

Die Feigen können durch 4 Spalten Charentais-Melone oder 12–16 gekochte und abgekühlte Spargelstangen ersetzt werden.

16–30 Stück | Vorbereitung 10 min | Garzeit 20 min

Zucchinipuffer

Diese schmackhaften kleinen Gemüseplätzchen eignen sich sowohl als Vorspeise wie auch als Fingerfood bei einer Party.

ZUTATEN
100 g Mehl
1 TL Backpulver
2 Eier, verquirlt
50 ml Milch
300 g Zucchini
2 EL frischer Thymian
Salz und Pfeffer
1 EL Öl

Mehl und Backpulver in eine große Schüssel sieben. Eine Vertiefung in die Mitte drücken und die Eier hineingeben. Mit einem Holzlöffel nach und nach mit dem Mehl verrühren.

Unter ständigem Rühren die Milch langsam zugießen, sodass ein dickflüssiger Teig entsteht.

Die Zucchini waschen. Eine Schüssel mit Küchenpapier auslegen und die Zucchini in die Schüssel reiben; das Papier nimmt einen Teil der Flüssigkeit auf.

Zucchini und Thymian unter den Teig heben. Mit Salz und Pfeffer würzen.

Das Öl in einer großen, schweren Pfanne erhitzen. Für mittelgroße Puffer esslöffelgroße Teigmengen (für kleine Puffer ½ Esslöffel) in das heiße Öl geben und portionsweise 3–4 Minuten von jeder Seite braten.

Die Puffer aus der Pfanne nehmen und auf Küchenpapier abtropfen lassen. Im Backofen warm halten, bis alle Puffer gebraten sind. Sofort servieren.

VARIATION
Für ein etwas pikanteres Aroma geben Sie zusammen mit Zucchini und Thymian ½ Teelöffel Chiliflocken in den Teig.

4 Personen | Vorbereitung 5 min + 15 min Marinieren | Garzeit 0 min

Carpaccio

Für dieses Gericht sollte das Rindfleisch so dünn wie möglich aufgeschnitten werden. Dies geht leichter, wenn Sie es zuvor 30 Minuten ins Gefrierfach legen.

ZUTATEN
200 g Rinderfilet am Stück
2 EL Zitronensaft
Salz und Pfeffer
4 EL natives Olivenöl extra
50 g Parmesan, frisch gehobelt
4 EL frisch gehackte glatte Petersilie
Zitronenspalten, zum Garnieren
Ciabatta oder Focaccia, zum Servieren

VARIATION
Für ein Carpaccio di tonno *ersetzen Sie das Rinderfilet durch frischen Thunfisch. Aber Achtung: Aufgetaute Tiefkühlware ist zum Rohverzehr ungeeignet!*

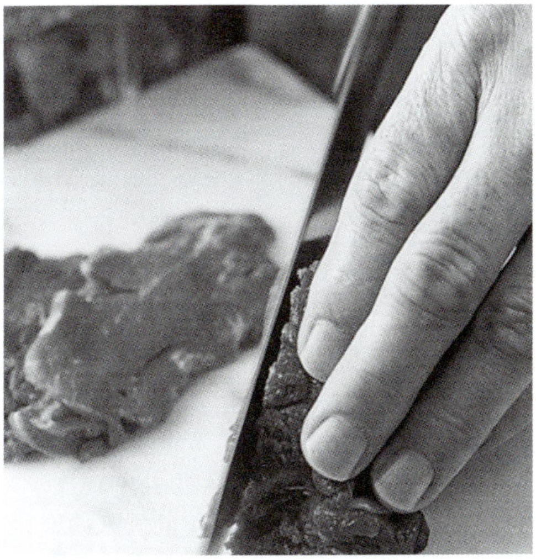

Das Rinderfilet mit einem sehr scharfen Messer in hauchdünne Scheiben schneiden und auf 4 Serviertellern anrichten.

Den Zitronensaft in eine Schale füllen und mit Salz und Pfeffer würzen. Mit dem Olivenöl verquirlen und über das Fleisch träufeln. Die Teller mit Frischhaltefolie abdecken und 10–15 Minuten marinieren.

Die Folie entfernen. Die Parmesanhobel über das Fleisch geben und mit Petersilie bestreuen. Mit Zitronenspalten garnieren und mit frischem Brot servieren.

4 Personen | Vorbereitung 5 min | Garzeit 0 min

Rucola mit Schinken

Rucola ist in den letzten Jahren sehr in Mode gekommen und mittlerweile selbst beim Discounter erhältlich. In Italien, wo er auch wild wächst, ist er immer schon beliebt.

ZUTATEN
120 g Rucola
1 EL Zitronensaft
Salz und Pfeffer
3 EL natives Olivenöl extra
225 g Parmaschinken, in dünnen Scheiben

Die Rucolablätter putzen, in kaltem Wasser waschen und mit Küchenpapier trocken tupfen. In eine Schüssel geben.

Den Zitronensaft in eine Schale füllen und mit Salz und Pfeffer würzen. Mit dem Olivenöl verquirlen. Die Rucolablätter mit dem Dressing übergießen und gründlich darin wenden.

Den Schinken mit dem Rucolasalat auf 4 Serviertellern anrichten. Zimmerwarm servieren.

VARIATION
Für einen reichhaltigeren Salat können Sie 1 dünn aufgeschnittene Fenchelknolle und 2 Orangen, in dünne Scheiben geschnitten, mit dem Rucola mischen. Der Zitronensaft kann durch Orangensaft oder Balsamico-Essig ersetzt werden.

4 Personen | Vorbereitung 10 min | Garzeit 0 min

Italienische Vorspeisenplatte

Traditionell besteht eine Vorspeisenplatte aus in Öl eingelegtem Gemüse und cremigen Weichkäsesorten. Versuchen Sie einmal diese schlankere Variante.

ZUTATEN
125 g fettreduzierter Mozzarella, abgetropft
50 g magerer Parmaschinken
400 g Artischockenherzen in Lake, abgetropft
4 vollreife Feigen
1 kleine Mango
Grissini, zum Servieren

Dressing
1 kleine unbehandelte Orange
1 EL passierte Tomaten
1 TL grober Senf
4 EL fettarmer Naturjoghurt
Salz und Pfeffer
frische Basilikumblätter

Den Käse in 12 etwa 7 cm lange Stäbchen schneiden. Den Parmaschinken parieren und in 12 Streifen schneiden.

Die Käsestäbchen mit je 1 Parmaschinkenstreifen umwickeln und auf einer Servierplatte anrichten.

Die Artischockenherzen halbieren, die Feigen vierteln und ebenfalls auf der Platte anrichten.

Die Mango schälen und das Fruchtfleisch in Scheiben vom Stein schneiden. Die Scheiben wiederum in Streifen schneiden und diese fächerförmig auf der Servierplatte anrichten.

Für das Dressing mit einem Sparschäler die Schale von einer halben Orange dünn abschälen. In feine Streifen schneiden und in eine Schüssel geben. Die Orange auspressen und den Saft zur Schale geben.

Passierte Tomaten, Senf und Joghurt zufügen und glatt rühren. Abschmecken. Das Basilikum hacken und unterrühren.

Das Dressing in eine Schale füllen und mit der Vorspeisenplatte servieren. Grissini dazu reichen.

6 Personen | Vorbereitung 15 min | Garzeit 0 min

Antipasto volente

In Italien werden Antipasti vor dem Pastagericht serviert. Wörtlich übersetzt bedeutet Antipasto „vor der Mahlzeit".

ZUTATEN

200 g Thunfisch in Öl, abgetropft und in Stücken
125 g Sardinen in Öl, abgetropft
100 g Sardellenfilets in Öl, abgetropft
175 g gekochte, ausgelöste Garnelen, Darmfäden entfernt
120 g luftgetrockneter Schinken, in Streifen
175 g Mozzarella, in Scheiben
400 g Artischockenherzen aus der Dose, abgetropft und halbiert
3 frische Feigen, in Scheiben
225 g Spargelspitzen aus dem Glas, abgetropft
120 g Räucherlachs, in Scheiben
Salz und Pfeffer
120 g schwarze Oliven
natives Olivenöl extra, zum Beträufeln
Zitronenspalten, zum Garnieren

Thunfisch, Sardinen, Sardellenfilets, Garnelen, Schinken, Mozzarella, Artischockenherzen und Feigen auf einer Servierplatte anrichten.

Je 2–3 Spargelstangen mit einem Lachsstreifen umwickeln und auf der Platte anrichten. Mit Salz und Pfeffer würzen.

Die Oliven auf der Platte verteilen und das Antipasto mit Olivenöl beträufeln. Mit Zitronenspalten garnieren und sofort servieren oder mit Frischhaltefolie abgedeckt bis zum Servieren in den Kühlschrank stellen. Vor dem Servieren auf Zimmertemperatur bringen.

VARIATION
Nach Belieben kann auch frischer grüner Spargel verwendet werden. Diesen 5–7 Minuten blanchieren oder dämpfen.

4 Personen | Vorbereitung 10 min | Garzeit 25 min

Caponata

Dort, wo diese Spezialität herkommt, in Sizilien, gibt es in fast jedem Dorf eine eigene Caponata-Variante. Auberginen, Zwiebeln, Sellerie, Tomaten und Kapern sind jedoch fester Bestandteil. Dieses Gericht ist selbst für Veganer geeignet.

ZUTATEN

4 EL Olivenöl
1 Zwiebel, in Ringen
2 Selleriestangen, gewürfelt
1 Aubergine, gewürfelt
5 Eiertomaten, gehackt
1 Knoblauchzehe, fein gehackt
3 EL Rotweinessig
1 EL Zucker
12 entsteinte schwarze Oliven
2 EL Kapern
Salz
3 EL frisch gehackte glatte Petersilie, zum Garnieren

2 Esslöffel Öl in einem Topf erhitzen. Zwiebel und Sellerie darin bei kleiner Hitze unter häufigem Rühren 5 Minuten weich dünsten. Restliches Öl und Aubergine zugeben und unter ständigem Rühren 10 Minuten garen.

Tomaten, Knoblauch, Weinessig und Zucker untermischen. Bei geschlossenem Deckel 10 Minuten köcheln lassen.

Oliven und Kapern zugeben und die Caponata abschmecken.

Die Caponata in eine Servierschüssel füllen und auf Zimmertemperatur abkühlen lassen. Mit gehackter Petersilie bestreut servieren.

VARIATION

Wenn keine Vegetarier mitessen, können nach Belieben auch 4 Sardellenfilets mit den Kapern in die Caponata gegeben werden. Zum Entsalzen legen Sie die Sardellenfilets zuvor 5 Minuten in Milch ein.

6 Personen | Vorbereitung 15 min | Garzeit 30 min

Polenta mit Parmaschinken

Diese Leckerbissen sind ideal als Appetizer, wenn Sie Gäste bewirten. Sie lassen sich gut vorbereiten und müssen vor dem Servieren nur noch schnell in den Ofen geschoben werden.

ZUTATEN
600 ml Wasser
100 g feine Polenta
30 g Parmesan, frisch gerieben
2 EL weiche Butter
Salz und Pfeffer
natives Olivenöl extra, zum Servieren

Belag
2 EL natives Olivenöl extra, plus etwas mehr zum Einfetten
6 Scheiben Parmaschinken
80 g Fontina, in 6 Scheiben geschnitten
12 frische Salbeiblätter

Eine Auflaufform (15 cm x 25 cm) mit Backpapier auskleiden.

Das Wasser in einen großen Topf füllen und zum Kochen bringen. Die Hitze reduzieren und 1 große Prise Salz zugeben. Unter ständigem Rühren die Polenta einrieseln und 5 Minuten köcheln lassen, bis sie eindickt.

Den Topf vom Herd nehmen, Parmesan und Butter unterrühren und mit Pfeffer abschmecken. Die Polenta in die vorbereitete Form füllen, die Oberfläche glatt streichen und vollständig erkalten lassen.

Ein Backblech und eine Ausstechform (etwa 7 cm Durchmesser) einfetten. Die Polenta mithilfe des Backpapiers aus der Form heben und 6 Kreise ausstechen. Die Polenta-Taler auf das Backblech legen, mit Olivenöl bestreichen und mit Salz und Pfeffer würzen.

Unter dem vorgeheizten Backofengrill 3–4 Minuten bräunen. Die Taler wenden, mit Öl bestreichen und weitere 3–4 Minuten grillen, bis sie goldbraun sind. Aus dem Ofen nehmen und abkühlen lassen.

Je 1 Scheibe Schinken und Fontina auf die Polenta-Taler legen. Die Salbeiblätter mit Olivenöl bestreichen und je 2 auf einen Taler legen.

Die Taler unter dem vorgeheizten Backofengrill 3–4 Minuten gratinieren, bis der Käse geschmolzen und der Salbei knusprig ist. Sofort mit Olivenöl zum Dippen servieren.

4 Personen | Vorbereitung 20 min | Garzeit 1 Stunde

Römische Artischocken

Das Römische an diesen gefüllten Artischocken ist die Minze. Italienische oder Römische Minze hat ein besonders süßliches Aroma. Sie können aber auch jede andere Minzesorte verwenden.

ZUTATEN
75 ml Zitronensaft
4 Artischocken
1 Knoblauchzehe
4 Zweige glatte Petersilie
2 Zweige Minze
1 Zitrone, geviertelt
4 EL Olivenöl
Salz und Pfeffer

Füllung
2 EL Semmelbrösel
2 Knoblauchzehen, fein gehackt
25 g frische glatte Petersilie, grob gehackt
25 g frische Minze, grob gehackt
Salz und Pfeffer
1 EL Butter, gewürfelt

Eine Schüssel, die groß genug ist für alle Artischocken, mit kaltem Wasser füllen und 4 Esslöffel Zitronensaft zugeben. Von den Artischocken die Stiele abschneiden und die harten äußeren Blätter entfernen. Den Blätterkopf etwa 2 cm von der Spitze mit einem scharfen Messer gerade abschneiden. Eventuelle restliche harte Blattspitzen mit einer Schere kürzen. Die Artischocken in das Zitronenwasser legen, damit sie nicht braun werden.

Die Artischocken nebeneinander in einen großen Topf stellen. Knoblauch, Petersilie, Minze, Zitrone und Olivenöl zufügen. Mit Salz und Pfeffer würzen. Mit so viel Wasser aufgießen, dass die Artischocken zu zwei Dritteln bedeckt sind. Bei kleiner Hitze zum Kochen bringen. Den Deckel aufsetzen und 15 Minuten köcheln lassen.

Inzwischen für die Füllung Semmelbrösel, Knoblauch, Petersilie und Minze in einer Schüssel mischen und mit Salz und Pfeffer würzen.

Die Artischocken aus dem Topf nehmen und etwas abkühlen lassen. Die Blätter leicht auseinanderdrücken und die ungenießbaren Blütenfäden, das „Heu", in der Mitte mit einem Löffel herauslösen. Die Artischocken mit Salz und Pfeffer würzen. Wieder in den Topf stellen und mit der Semmelbröselmischung füllen. Bei geschlossenem Deckel und kleiner Hitze 20 Minuten köcheln lassen, bis die Artischocken gar sind.

Die Artischocken mit einem Schaumlöffel herausnehmen, abtropfen lassen und auf 4 Servierteller setzen. Den Sud durch ein Sieb in einen sauberen Topf gießen und auf etwa drei Viertel einkochen. Die Hitze reduzieren und den restlichen Zitronensaft zugeben. Die Butter stückchenweise unterrühren. Die Sauce nicht mehr kochen. Die noch warmen Artischocken mit der Sauce servieren.

4 Personen | Vorbereitung 45 min | Garzeit 2 Stunden 15 min

Minestrone

*Von diesem Suppenklassiker gibt es so viele Variationen wie italienische Köche. Das Tolle an einer Minestrone ist unter anderem, dass man beinahe jedes Gemüse, das gerade Saison hat, dafür verwenden kann.**

ZUTATEN

2 frische Basilikumzweige
2 frische Majoranzweige
2 frische Thymianzweige
2 EL Olivenöl
2 Zwiebeln, gehackt
2 Knoblauchzehen, gehackt
4 Tomaten, gehäutet (siehe Tipp Seite 111) und gewürfelt
125 ml Rotwein
1,7 l Gemüsebrühe (siehe Seite 29)
120 g weiße Bohnen, über Nacht in kaltem Wasser eingeweicht, abgetropft
2 Karotten, gewürfelt
2 Kartoffeln, gewürfelt
1 kleine weiße Rübe, gewürfelt
1 Selleriestange, gehackt
¼ Weißkohl, in Streifen
50 g Suppennudeln
Salz und Pfeffer
2 EL frisch geriebener Parmesan, plus etwas mehr zum Servieren

Basilikum, Majoran und Thymian hacken und bis zur Verwendung beiseitestellen. Das Öl in einem großen, schweren Topf erhitzen. Die Zwiebeln zugeben und unter gelegentlichem Rühren 5 Minuten weich dünsten. Den Knoblauch zufügen und weitere 3 Minuten dünsten. Dann Tomaten und gehackte Kräuter unterrühren.

Mit dem Wein ablöschen und 1–2 Minuten köcheln lassen. Dann Brühe und abgetropfte Bohnen zugeben und zum Kochen bringen. Die Hitze reduzieren und die Minestrone bei halb aufgesetztem Deckel 1½ Stunden köcheln lassen.

Karotten, Kartoffeln und Rübe zugeben, den Deckel ganz aufsetzen und 15 Minuten köcheln lassen. Sellerie, Kohl und Nudeln zugeben und weitere 10 Minuten köcheln lassen. Die Minestrone mit Salz und Pfeffer abschmecken und den Parmesan unterrühren. In vorgewärmte Schalen füllen und mit Parmesan bestreut servieren.

TIPP

**Wer gerne Fleisch isst, kann 2 Scheiben Pancetta parieren, hacken und mit den Tomaten in den Topf geben. Pancetta ist italienischer Bauchspeck, der mittlerweile überall in gut sortierten Supermärkten erhältlich ist.*

4 Personen | Vorbereitung 10 min | Garzeit 25 min

Tomatencremesuppe

Eine Tomatensuppe aus frischen Tomaten schmeckt unvergleichlich viel besser als entsprechende Suppen aus Dosen und bringt die gesamte Familie zum Strahlen.

ZUTATEN
50 g Butter
1 Zwiebel, fein gehackt
700 g Tomaten, fein gehackt
Salz und Pfeffer
600 ml heiße Hühner- oder Gemüsebrühe (siehe Seite 29)
1 Prise Zucker
100 g Sahne
2 EL frisch gehacktes Basilikum
1 EL frisch gehackte Petersilie

Die Hälfte der Butter in einer großen, schweren Pfanne erhitzen. Die Zwiebel darin bei kleiner Hitze 5 Minuten unter gelegentlichem Rühren glasig dünsten. Die Tomaten zugeben, mit Salz und Pfeffer würzen und 5 Minuten köcheln lassen.

Die heiße Brühe zugießen und aufkochen. Die Hitze reduzieren und bei geschlossenem Deckel 10 Minuten köcheln lassen.

Die Suppe durch ein Haarsieb streichen, um Tomatenschalen und -kerne zurückzuhalten.

Die Suppe mit Zucker, Sahne, der restlichen Butter, Basilikum und Petersilie zurück in den Topf geben. Umrühren und kurz erhitzen, aber nicht mehr kochen. Die Suppe in vorgewärmte Suppenschalen füllen und sofort servieren.

VARIATION
Die gehackte Petersilie kann durch dieselbe Menge frisch gehackten Schnittlauch ersetzt und/oder die Suppe vor dem Servieren mit frisch geriebenem Parmesan bestreut werden.

4 Personen | Vorbereitung 1 Stunde + 6 Stunden Kühlzeit | Garzeit 5 Stunden

Zuppa pavese

Eine gute selbst gemachte Rinderbrühe ist die Basis für diese ungewöhnliche Suppe. Am besten wird die Brühe bereits einen Tag im Voraus zubereitet, damit das Fett vollständig von der Oberfläche abgeschöpft werden kann.

ZUTATEN

500 g Markknochen vom Rind, in etwa 7 cm großen Stücken
350 g Suppenfleisch vom Rind
1,5 l Wasser
2 Zwiebeln, halbiert
4 Gewürznelken
2 Selleriestangen, grob gehackt
8 Pfefferkörner
1 Bouquet garni

Einlage
50 g Butter
4 Scheiben frisches Weißbrot
120 g Parmesan, frisch gerieben
4 Eier
Salz und Pfeffer

Für die Brühe Knochen und Fleisch in einen großen Topf geben. Das Wasser zugießen und bei kleiner Hitze zum Kochen bringen. Dabei regelmäßig den Schaum von der Oberfläche abschöpfen. Jede Zwiebelhälfte mit einer Gewürznelke spicken und mit Sellerie, Pfefferkörnern und Bouquet garni in den Topf geben. Den Deckel halb aufsetzen und 3 Stunden sanft köcheln lassen. Knochen und Fleisch herausnehmen und die Brühe 1 weitere Stunde köcheln lassen.

Die Brühe durch ein Sieb gießen und abkühlen lassen. Mindestens 6 Stunden oder über Nacht in den Kühlschrank stellen. Die Fettschicht vorsichtig von der Oberfläche entfernen und die Brühe wieder erhitzen.

Vor dem Servieren die Butter in einer großen Pfanne zerlassen. Das Brot, gegebenenfalls nacheinander, darin von beiden Seiten goldbraun braten. Aus der Pfanne nehmen und jeweils 1 Scheibe in einen vorgewärmten Suppenteller legen.

Die Hälfte des Parmesans über die Brotscheiben streuen. Vorsichtig je 1 Ei* über jeder Brotscheibe aufschlagen. Das Eigelb sollte ganz bleiben. Mit Salz und Pfeffer würzen und mit dem restlichen Parmesan bestreuen. Die heiße Brühe vorsichtig in die Teller füllen und sofort servieren.

TIPP
**Sie können die Eier nach Belieben auch erst leicht pochieren, bevor Sie sie in die Teller geben.*

4 Personen | Vorbereitung 15 min | Garzeit 2 Stunden 50 min

Weiße-Bohnen-Suppe

Bohnen sind in der Toskana sehr beliebt. Diese cremige Suppe, in der die Bohnen 2 Stunden garen, ist leicht nachzukochen. Knoblauch und Petersilie – kurz vor dem Servieren untergerührt – verleihen ihr ein frisches Aroma, das durch einige Spritzer Olivenöl zusätzlich verfeinert wird.

ZUTATEN

230 g weiße Bohnen, über Nacht in kaltem Wasser eingeweicht
1,7 l Hühner- oder Gemüsebrühe (siehe Seite 29)
120 g Suppennudeln
90 ml Olivenöl
2 Knoblauchzehen, fein gehackt
4 EL frisch gehackte glatte Petersilie
Salz und Pfeffer

Die Bohnen abgießen, abtropfen lassen und in einen großen Topf geben. Die Brühe zugießen und zum Kochen bringen. Den Deckel halb aufsetzen, die Hitze reduzieren und 2 Stunden köcheln lassen, bis die Bohnen gar sind.

Die Hälfte der Bohnen mit etwas Brühe in einem Mixer oder mit dem Stabmixer glatt pürieren. Das Püree wieder in den Topf geben und gut rühren. Die Suppe wieder aufkochen.

Die Nudeln zugeben und 10 Minuten köcheln lassen, bis sie gar sind.

Inzwischen 4 Esslöffel Öl in einem kleinen Topf erhitzen. Den Knoblauch darin bei kleiner Hitze unter häufigem Rühren 4–5 Minuten andünsten. Knoblauch und Petersilie in die Suppe geben. Mit Salz und Pfeffer abschmecken und in vorgewärmte Suppenschalen füllen. Mit dem restlichen Öl beträufeln und sofort servieren.

VARIATION
Anstelle der weißen Bohnen können Sie auch Borlotti-Bohnen verwenden. Diese benötigen eine Garzeit von 1½ Stunden.

4 Personen | Vorbereitung 5 min | Garzeit 3 Stunden 15 min

Kalbfleisch-Schinken-Suppe

Kalbfleisch und Schinken sind eine klassische italienische Kombination, die in dieser Suppe mit Sherry verfeinert wird.

ZUTATEN
4 EL Butter
1 Zwiebel, gewürfelt
1 Karotte, gewürfelt
1 Selleriestange, gewürfelt
400 g Kalbfleisch, in dünnen Scheiben
500 g gekochter Schinken, in dünnen Scheiben
60 g Mehl
1 l Rinderbrühe
1 Lorbeerblatt
8 schwarze Pfefferkörner
1 Prise Salz
3 EL rotes Johannisbeergelee
150 ml Cream Sherry
100 g Vermicelli
Knoblauch-Croûtons*, zum Servieren

Die Butter in einem Topf zerlassen. Zwiebel, Karotte, Sellerie, Kalbfleisch und Schinken 6 Minuten bei mittlerer Hitze anbraten.

Das Mehl einstreuen und unter Rühren 2 Minuten anschwitzen. Nach und nach die Brühe einrühren. Lorbeerblatt, Pfeffer und Salz zugeben. Die Brühe zum Kochen bringen und 1 Stunde köcheln lassen.

Den Topf vom Herd nehmen. Gelee und Sherry einrühren und die Suppe 4 Stunden ziehen lassen.

Das Lorbeerblatt entfernen und die Suppe bei kleiner Hitze erwärmen.

Die Vermicelli in einem großen Topf mit Salzwasser al denke kochen. In die Suppe rühren und in vorgewärmte Suppenteller füllen. Mit Knoblauch-Croûtons servieren.

TIPP
**Für die Knoblauch-Croûtons die Rinde von 3 Scheiben Weißbrot entfernen. Das Brot in 5 mm große Würfel schneiden. In einer Pfanne 3 Esslöffel Olivenöl erhitzen und mit 1–2 fein gehackten Knoblauchzehen 1–2 Minuten bei mittlerer Hitze andünsten. Den Knoblauch entfernen und das Brot in die Pfanne geben. Unter Rühren goldbraun braten.*

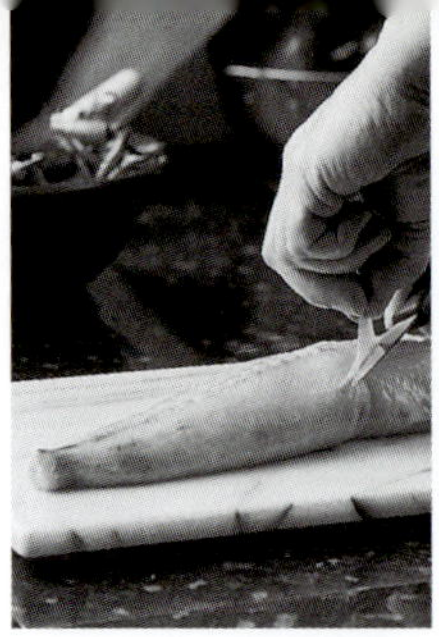

4 Personen | Vorbereitung 20 min | Garzeit 35 min

Fischsuppe

Voller mediterraner Aromen ist diese Suppe leichter und auch einfacher zuzubereiten als ihre provenzalische Verwandte, die Bouillabaisse.

ZUTATEN
4 EL Olivenöl
1 Knoblauchzehe, in Scheiben
2 EL frisch gehackte glatte Petersilie
1 getrocknete rote Chili
200 g gehackte Tomaten aus der Dose
1 Kabeljau- oder Schellfischkopf
125 ml trockener Weißwein
850 ml kochendes Wasser
Salz
500 g Seeteufelfilet
250 g frische Muscheln
400 g rohe Garnelen
Salz und Pfeffer
4 Scheiben Weißbrot oder Baguette, je 2 cm dick

Die Hälfte des Öls in einem großen, schweren Topf erhitzen. Knoblauch, die Hälfte der Petersilie und Chili zufügen und bei kleiner Hitze unter Rühren 3 Minuten andünsten. Tomaten, Fischkopf und Wein zugeben und kochen, bis die meiste Flüssigkeit verkocht ist. Das kochende Wasser zugießen, salzen und 20 Minuten köcheln lassen.

Den Fisch in mundgerechte Stücke schneiden. Die Muscheln unter fließend kaltem Wasser abbürsten und die Bärte entfernen. Exemplare mit beschädigter Schale und solche, die sich beim Gegenklopfen nicht schließen, aussortieren. Die Garnelen auslösen und den Darmfaden entfernen.

Seeteufelstücke und Muscheln in den Topf geben und 4–5 Minuten köcheln lassen. Die Garnelen zufügen und weitere 2–3 Minuten mitgaren, bis sie rosa werden.

Fischkopf und Chili entfernen. Alle nicht geöffneten Muscheln aussortieren. Restliches Öl und Petersilie zugeben und die Suppe abschmecken.

Das Brot toasten und je 1 Scheibe in vorgewärmte Suppenschalen legen. Die Suppe über das Brot gießen und sofort servieren.

4 Personen | Vorbereitung 2 min | Garzeit 10 min

Toskanische Bohnensuppe

Diese sämig-cremige Suppe basiert auf einem traditionellen toskanischen Rezept. Bei der Verwendung von getrockneten Bohnen sind sowohl Vorbereitungs- als auch Zubereitungszeit länger.

ZUTATEN

225 g getrocknete weiße Bohnen, über Nacht eingeweicht, oder 400 g weiße Bohnen aus der Dose
1 EL Olivenöl
2 Knoblauchzehen, zerdrückt
1 Gemüse- oder Hühnerbrühwürfel, zerkrümelt
Salz und Pfeffer
150 ml Milch
2 EL frisch gehackter Oregano

Getrocknete Bohnen gut abtropfen lassen. Einen großen Topf mit Wasser zum Kochen bringen und die Bohnen darin 10 Minuten garen. Den Deckel aufsetzen und weitere 30 Minuten köcheln lassen, bis die Bohnen gar sind. Die Bohnen abgießen und das Kochwasser auffangen. Bei Dosenware die Bohnen abtropfen lassen und die Flüssigkeit auffangen.

Das Öl in einem Topf erhitzen und den Knoblauch darin 2–3 Minuten leicht anbräunen.

Die Bohnen mit 400 ml der aufgefangenen Flüssigkeit hinzufügen und unter Rühren erwärmen. Bei Bedarf noch etwas Wasser zugießen. Den Brühwürfel zugeben und die Suppe unter Rühren einmal aufkochen, dann vom Herd nehmen.

Die Suppe mit dem Stabmixer glatt pürieren. Alternativ die Bohnen mit einem Kartoffelstampfer zerdrücken. Mit Salz und Pfeffer abschmecken, dann die Milch unterrühren.

Die Suppe zurück in den Topf füllen und bei kleiner Hitze bis knapp unter den Siedepunkt erhitzen. Vor dem Servieren den Oregano unterrühren.

8 Personen | Vorbereitung 15 min | Garzeit 1 Stunde 45 min

Genueser Gemüsesuppe

Zu dieser klassischen Gemüsesuppe wird grünes Pesto gereicht, dessen Ursprünge ebenfalls in der ligurischen Hafenstadt Genua zu finden sind. Die Minestrone alla genovese *ist auch ein wunderbares sommerliches Familienessen.*

ZUTATEN

2 Zwiebeln, in Ringen
2 Karotten, gewürfelt
2 Selleriestangen, gewürfelt
2 Kartoffeln, gewürfelt
120 g grüne Bohnen, in 2,5 cm langen Stücken
120 g Erbsen, Tiefkühlware aufgetaut
200 g frischer Blattspinat, geputzt und gehackt
2 Zucchini, gewürfelt
250 g Eiertomaten, gehäutet (siehe Tipp Seite 111), entkernt und gewürfelt
3 Knoblauchzehen, in dünnen Scheiben
4 EL natives Olivenöl extra
2 l Gemüse- oder Hühnerbrühe (siehe Seite 29)
Salz und Pfeffer
150 g Suppennudeln
1 Portion Pesto genovese (siehe Seite 28)
frisch geriebener Parmesan, zum Servieren

Zwiebeln, Karotten, Sellerie, Kartoffeln, Bohnen, Erbsen, Spinat, Zucchini, Tomaten und Knoblauch in einen großen Topf geben. Olivenöl und Brühe zugießen und bei mittlerer Hitze zum Kochen bringen. Die Hitze reduzieren und etwa 1½ Stunden sanft köcheln lassen.

Mit Salz und Pfeffer abschmecken und die Nudeln zugeben. Weitere 8–10 Minuten kochen, bis die Nudeln al dente sind. Die Suppe sollte sehr dick sein.

Die Hälfte des Pestos unterrühren, den Topf vom Herd nehmen und 4 Minuten ziehen lassen. Nochmals abschmecken und eventuell noch etwas Pesto unterrühren.

Die Suppe in vorgewärmte Suppenteller füllen und sofort servieren. Den Parmesan dazu reichen.

VARIATION

Die Suppennudeln können durch 150 g gekochten Langkornreis ersetzt werden. Den Reis kurz vor Ende der Garzeit in die Suppe rühren.

4 Personen | Vorbereitung 20 min | Garzeit 5 min

Caprisalat

Dieser Salat aus Tomaten, Oliven und Mozzarella wird mit einem Dressing aus Balsamico-Essig und Olivenöl verfeinert – eine köstliche Vorspeise.

ZUTATEN
2 Fleischtomaten
125 g Mozzarella, abgetropft
12 entsteinte schwarze Oliven
8 große Basilikumblätter
1 EL Balsamico-Essig
1 EL natives Olivenöl extra
Salz und Pfeffer
frisches Basilikum, zum Garnieren

Die Tomaten mit einem scharfen Messer in dünne Scheiben schneiden.

Den Mozzarella ebenfalls in Scheiben schneiden.

Die Oliven in Ringe schneiden.

Tomaten, Mozzarellascheiben, Oliven und Basilikumblätter zu 4 oder 8 Türmchen schichten, die jeweils mit 1 Mozzarellascheibe enden.

Die Türmchen 2–3 Minuten unter dem vorgeheizten Backofengrill gratinieren, bis der Käse geschmolzen ist.

Essig und Olivenöl darüberträufeln und mit Salz und Pfeffer würzen.

Auf Servierteller setzen, mit Basilikum garnieren und sofort servieren.

4 Personen | Vorbereitung 15 min | Garzeit 1 Stunde 45 min

Bohnen mit Thunfisch

Aus Dosenware hergestellt hat dieser Salat in so manch billigem italienischem Restaurant ein trauriges Schicksal erlitten. Zu einem echten Gaumenschmaus wird er jedoch, wenn er aus frischer Ware hergestellt wird. Für den großen Hunger sollten Sie pro Person ein Thunfischsteak berechnen.

ZUTATEN

800 g getrocknete weiße Bohnen, abgedeckt über Nacht in kaltem Wasser eingeweicht
90 ml natives Olivenöl extra
2 Thunfischsteaks (à 200 g)
2 Knoblauchzehen, leicht zerdrückt
1 frischer Salbeizweig
2 EL Wasser
Salz und Pfeffer
4 EL frisch gehackter Salbei

Die eingeweichten Bohnen abgießen und in einen Topf geben. Mit Wasser bedecken und zum Kochen bringen. Die Hitze reduzieren und 1½ Stunden köcheln lassen, bis die Bohnen gar sind. Abgießen und gut abtropfen lassen.

1 Esslöffel Olivenöl in einer schweren Pfanne erhitzen und die Thunfischsteaks darin bei mittlerer Hitze 3–4 Minuten von jeder Seite anbraten. Aus der Pfanne nehmen und auskühlen lassen.

Weitere 3 Esslöffel Öl in einer schweren Pfanne erhitzen. Knoblauch und Salbeizweig darin bei kleiner Hitze kurz andünsten. Den Knoblauch entfernen.

Die Bohnen zugeben und 1 Minute mitdünsten. Das Wasser hinzufügen und mit Salz und Pfeffer würzen. Köcheln lassen, bis das Wasser verdunstet ist. Den Salbeizweig entfernen, die Bohnen in eine Schüssel füllen und auskühlen lassen.

Inzwischen den Thunfisch in kleine Stücke zerteilen und dabei letzte Gräten entfernen. Die Bohnen lau- oder zimmerwarm vorsichtig mit dem Thunfisch vermengen. Mit dem restlichen Öl beträufeln, mit dem gehackten Salbei bestreuen und servieren.

4 Personen | Vorbereitung 15 min | Garzeit 15 min

Rucola mit Artischocken

Für diesen einfachen toskanischen Salat werden zarte, kleine, sehr junge Artischockenknospen verwendet. Das säuerlich fruchtige Zitronenaroma wird perfekt durch den würzigen Pecorino ausgeglichen.

ZUTATEN
8 sehr kleine Artischocken
Saft von 2 Zitronen
1 Bund Rucola
125 ml natives Olivenöl extra
Salz und Pfeffer
120 g Pecorino

Die Stiele der Artischocken entfernen. Je nach Größe den Blätterkopf mit einem scharfen Messer um mindestens 2,5 cm von der Spitze kürzen. Die äußeren Blätter entfernen, sodass nur die weichen, zarten Artischockenherzen übrig bleiben. Mit einem Teelöffel das „Heu" herauslösen. Die Artischockenherzen mit etwas Zitronensaft einreiben, damit sie sich nicht verfärben, und in einem Topf mit Salzwasser etwa 15 Minuten gar kochen.

Die Artischocken abtropfen und erkalten lassen. Dann in Scheiben schneiden und in eine Salatschüssel geben. Rucola, Zitronensaft und Olivenöl zugeben und mit Salz und Pfeffer abschmecken. Alles gründlich vermengen.

Den Pecorino mit einem Sparschäler dünn über den Salat hobeln und sofort servieren.

VARIATION
Dieser Salat kann auch mit Kardonen, Verwandte der Artischocke, zubereitet werden. Entfernen Sie großzügig die harten Außenblätter. Kardonen sind im Feinkosthandel und saisonal auf Wochenmärkten erhältlich.

4 Personen | Vorbereitung 15 min + 8 Stunden Kühlzeit | Garzeit 0 min

Toskanischer Brotsalat

Dieser Salat ist in ganz Italien beliebt und ist ideal, um Brot vom Vortag zu verwerten. Verwenden Sie möglichst vollaromatische, sonnengereifte Tomaten.

ZUTATEN

1 rote Zwiebel, in dünnen Ringen
4 Scheiben Brot vom Vortag
500 g Tomaten, in dünnen Scheiben
125 g Mozzarella, abgetropft, in dünnen Scheiben
1 EL frisch gehacktes Basilikum
Salz und Pfeffer
125 ml natives Olivenöl extra
3 EL Balsamico-Essig
4 EL Zitronensaft
120 g entsteinte schwarze Oliven, in Ringen

VARIATION

Für einen noch intensiveren Tomatengeschmack streuen Sie vor dem Servieren 25 g gehackte getrocknete Tomaten über den Salat.

Die Zwiebelringe in eine Schüssel geben. Mit kaltem Wasser bedecken und 10 Minuten ziehen lassen. Inzwischen das Brot in eine Schale mit kaltem Wasser tauchen und ausdrücken. Das Brot auf eine Servierplatte legen.

Die Zwiebelringe abtropfen lassen und mit Tomaten und Mozzarella auf den Brotscheiben verteilen. Jede Schicht mit Basilikum, Salz und Pfeffer bestreuen.

Mit Olivenöl, Essig und Zitronensaft beträufeln und mit den Oliven bestreuen. Abdecken und vor dem Servieren mindestens 8 Stunden kalt stellen.

4 Personen | Vorbereitung 15 min | Garzeit 10 min

Pastasalat mit Ziegenkäse

Dieser köstliche und nahrhafte Salat besticht vor allem durch seine wunderbare Kombination aus cremigem Ziegenkäse, süß-fruchtigen Birnen und leicht bitteren Walnüssen.

ZUTATEN

250 g Penne
1 Radicchio, zerteilt
1 Kopfsalat, zerteilt
7 EL gehackte Walnüsse
2 reife Birnen, entkernt und gewürfelt
1 kleines Bund Rucola, geputzt
2 EL Zitronensaft
75 ml natives Olivenöl extra
1 Knoblauchzehe, gehackt
3 EL Weißweinessig
Salz und Pfeffer
4 Tomaten, geviertelt
1 kleine Zwiebel, in Ringen
1 große Karotte, geraspelt
250 g Ziegenkäse, gewürfelt

Die Pasta in einem großen Topf mit Salzwasser al dente kochen. Das Wasser abgießen und die Pasta abtropfen lassen.

Radicchio und Kopfsalat in einer großen Salatschüssel mischen. Pasta, Walnüsse, Birnen und Rucola darübergeben.

Zitronensaft, Olivenöl, Knoblauch, Essig in einer Schale verrühren. Mit Salz und Pfeffer abschmecken. Über den Salat gießen und gründlich vermengen.

Tomaten, Zwiebel, Karotte und Ziegenkäse zugeben und unterheben. Den Salat nach Möglichkeit vor dem Servieren mindestens 1 Stunde im Kühlschrank ziehen lassen.

TIPP

Für diesen Salat können Sie einen Ziegenkäse nach Wahl verwenden: Ziegenrolle, Crottin de Chavignol oder Ziegengouda. Eine Alternative aus Schafsmilch wäre Feta.

4 Personen | Vorbereitung 5 min + 30 min Kühlzeit | Garzeit 0 min

Insalata tricolore

Dieser Salat aus grünem Basilikum, weißem Mozzarella und roten Tomaten präsentiert sich in den italienischen Nationalfarben. Mittlerweile ist er von keinem Brunch- oder Partybuffet mehr wegzudenken.

ZUTATEN
250 g Mozzarella, in dünnen Scheiben
8 Eiertomaten, in dünnen Scheiben
Salz und Pfeffer
20 frische Basilikumblätter
125 ml natives Olivenöl extra

Käse- und Tomatenscheiben dekorativ auf 4 Serviertellern anrichten. Mit Salz würzen und 30 Minuten im Kühlschrank ziehen lassen.

Die Basilikumblätter darauf verteilen und mit dem Olivenöl beträufeln. Mit Pfeffer würzen und sofort servieren.

VARIATION
Sie können diesen Salat nach Belieben variieren: Verteilen Sie 24 entsteinte schwarze Oliven und 5 abgetropfte und fein gehackte Sardellenfilets mit dem Basilikum auf dem Salat, oder richten Sie zusammen mit Tomaten und Mozzarella 2 Avocados, geschält und quer in Scheiben geschnitten, auf den Tellern an, oder garnieren Sie Tomaten und Mozzarella mit je einer kleinen weißen und roten Zwiebel, in Ringe geschnitten, bevor Sie das Basilikum darauf verteilen.

Zweites Kapitel

PRIMI PIATTI
Pasta & Reis

Bei einem klassischen italienischen Menü werden Pasta- und Reisgerichte als erster Gang serviert. Es spricht jedoch nichts dagegen, die folgenden Gerichte mit einem kleinen Salat auch als Hauptgericht zu reichen. Viele Italiener essen täglich Pasta oder Reis, sodass es unzählige leckere Rezeptvarianten gibt. Wir stellen Ihnen eine Auswahl vor.

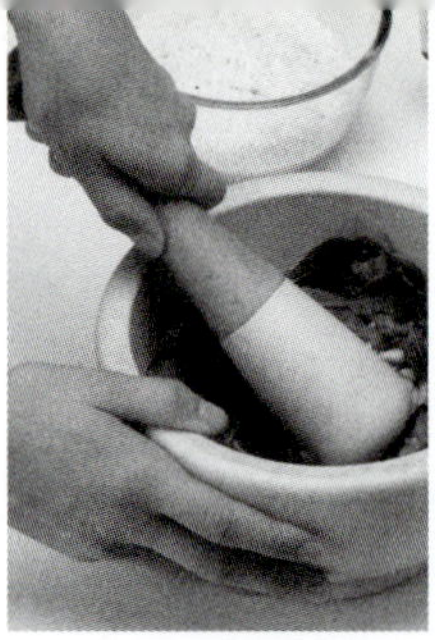

4 Personen | Vorbereitung 15 min | Garzeit 8–10 min

Pasta mit Pesto

Selbst gemachtes Pesto schmeckt immer besser als jedes noch so teure Produkt aus dem Glas. Es ist schnell zubereitet und eignet sich für alle Arten von Pasta.

ZUTATEN
500 g Spaghetti
1 Portion Pesto genovese (siehe Seite 28)
frische Basilikumblätter, zum Garnieren (nach Belieben)

Die Pasta in einem großen Topf mit Salzwasser 8–10 Minuten al dente kochen.

Das Wasser abgießen und die Spaghetti abtropfen lassen, dabei 1–2 Esslöffel des Kochwassers auffangen. Das Pesto nach Belieben mit dem Nudelwasser etwas verdünnen und unter die Spaghetti heben. Mit Basilikum garnieren und servieren.

VARIATION
Für ein ebenfalls grünes Pesto, aber mit einem etwas anderen Geschmack, können Sie das Basilikum durch etwa 100 g Rucola ersetzen.

4 Personen | Vorbereitung 10 min | Garzeit 8–10 min

Tagliatelle mit Walnusscreme

Diese Kreation eignet sich als Vorspeise für ein Abendessen oder mit einem grünen Salat als Mittagessen.

ZUTATEN
40 g frische weiße Semmelbrösel
300 g Walnusskerne, gehackt
2 Knoblauchzehen, fein gehackt
4 EL Milch
4 EL Olivenöl
80 g Frischkäse
150 g Sahne
Salz und Pfeffer
350 g Tagliatelle

Semmelbrösel, Walnüsse, Knoblauch, Milch, Olivenöl und Frischkäse in einem Mixer zu einer glatten Paste verarbeiten. Alternativ die Zutaten in einem großen Mörser zu einer glatten Paste zerstoßen. Die Sahne unterrühren, bis eine sämige Creme entstanden ist. Mit Salz und Pfeffer abschmecken.

Die Pasta in einem großen Topf mit Salzwasser 8–10 Minuten al dente kochen.

Das Wasser abgießen und die Tagliatelle abtropfen lassen. In eine Servierschüssel füllen. Die Creme gründlich unterheben. Sofort servieren.

4 Personen | Vorbereitung 5 min | Garzeit 15 min

Spaghetti aglio e olio

Gekochte Pasta wird schnell kalt, daher sollte die Servierschüssel vorgewärmt sein und die Pasta nach dem Abtropfen sofort in die Schüssel gegeben, mit dem Knoblauchöl übergossen und gut vermengt werden.

ZUTATEN
500 g Spaghetti
125 ml natives Olivenöl extra
3 Knoblauchzehen, fein gehackt
Salz und Pfeffer
3 EL frisch gehackte glatte Petersilie

Die Pasta in einem großen Topf mit Salzwasser 8–10 Minuten al dente kochen.

Inzwischen das Olivenöl in einer Pfanne erhitzen. Den Knoblauch mit 1 Prise Salz hineingeben und bei kleiner Hitze unter Rühren 3–4 Minuten goldgelb anbraten, aber nicht braun werden lassen, da er sonst bitter schmeckt. Die Pfanne vom Herd nehmen.

Das Wasser abgießen und die Spaghetti gut abtropfen lassen. In eine vorgewärmte Servierschüssel füllen. Das Knoblauchöl darübergießen, die Petersilie zugeben, salzen und pfeffern und gut unterheben. Sofort servieren.

6 Personen | Vorbereitung 15 min | Garzeit 45 min

Spaghetti mit Hackbällchen

Von diesem traditionellen Gericht hat jede italienische „Mamma" ihr eigenes Rezept – und das ist natürlich immer das beste.

ZUTATEN
1 Kartoffel, gewürfelt
Salz und Pfeffer
400 g Tatar, gehackt
1 Zwiebel, fein gehackt
1 Ei
4 EL frisch gehackte glatte Petersilie
Mehl, zum Bestäuben
75 ml natives Olivenöl extra
400 g passierte Tomaten
2 EL Tomatenmark
400 g Spaghetti

Zum Garnieren
6 frische Basilikumblätter, zerteilt
frisch geriebener Parmesan

Die Kartoffel in einem kleinen Topf mit kaltem Wasser bedecken, 1 Prise Salz zugeben und 10–15 Minuten gar kochen. Das Wasser abgießen und die Kartoffel zu Püree stampfen.

Kartoffel, Tatar, Zwiebel, Ei und Petersilie in einer Schüssel vermengen. Salzen und pfeffern. Die Arbeitsplatte mit Mehl bestäuben. Mit angefeuchteten Händen walnussgroße Bällchen aus der Masse formen und im Mehl wenden. Überschüssiges Mehl abklopfen.

Das Öl in einer schweren Pfanne erhitzen und die Fleischbällchen bei mittlerer Hitze 8–10 Minuten rundum goldbraun braten.

Passierte Tomaten und Tomatenmark zugeben und weitere 10 Minuten kochen, bis die Sauce eingedickt ist.

Inzwischen die Pasta in einem großen Topf mit Salzwasser 8–10 Minuten al dente kochen.

Das Wasser abgießen und die Pasta abtropfen lassen. Zur Sauce geben und gründlich darin wenden. In eine vorgewärmte Servierschüssel füllen, mit Basilikum und Parmesan garnieren und sofort servieren.

4 Personen | Vorbereitung 20 min | Garzeit 40 min

Makkaroni mit Ofengemüse

Beim Garen im Ofen entfaltet mediterranes Gemüse seine milde Süße und sein volles Aroma – ideal für eine köstliche Nudelsauce.

ZUTATEN
2 rote Zwiebeln, in Spalten
2 Zucchini, in großen Stücken
1 rote Paprika, in großen Stücken
1 gelbe Paprika, in großen Stücken
1 Aubergine, in großen Stücken
500 g Eiertomaten, geviertelt und entkernt
3 Knoblauchzehen, gehackt
4 EL Olivenöl
Salz und Pfeffer
350 g kurze Makkaroni
300 g passierte Tomaten
80 g entsteinte schwarze Oliven, halbiert

Zum Garnieren
frisches Basilikum
frische Petersilie

Den Backofen auf 240 °C vorheizen. Zwiebeln, Zucchini, Paprika, Aubergine und Tomaten in einer Schicht in einer großen Backform verteilen. Mit dem Knoblauch bestreuen, mit dem Olivenöl beträufeln und mit Salz und Pfeffer würzen. Das Gemüse gut vermengen, bis es gleichmäßig gewürzt ist. Im vorgeheizten Ofen 15 Minuten rösten. Die Form aus dem Ofen nehmen und das Gemüse wenden. Dann weitere 15 Minuten im Ofen rösten.

Die Nudeln in einem großen Topf mit Salzwasser 8–10 Minuten al dente kochen.

Inzwischen das Gemüse in einen schweren Topf füllen. Passierte Tomaten und Oliven zugeben. Unter gelegentlichem Rühren sanft erhitzen. Das Wasser abgießen und die Pasta abtropfen lassen, dann in eine vorgewärmte Servierschüssel füllen. Die Gemüsesauce zugeben und gut mit der Pasta vermengen. Mit Basilikum und Petersilie garniert sofort servieren.

VARIATION
Für dieses Gericht eignen sich auch andere Gemüsesorten wie Kürbis, Fenchel, Kirschtomaten oder Karotten.

4 Personen | Vorbereitung 10 min | Garzeit 12 min

Bavette mit Räucherlachs & Rucola

Achten Sie darauf, dass Lachs und Rucola nicht gekocht, sondern nur erhitzt werden, bis der Rucola zusammenfällt. Anstelle von Rucola kann Blattspinat verwendet werden.

ZUTATEN
350 g Bavette
2 EL Olivenöl
1 Knoblauchzehe, fein gehackt
120 g Räucherlachs, in dünnen Streifen
50 g Rucola
Salz und Pfeffer
½ Zitrone, zum Garnieren

Die Pasta in einem Topf mit kochendem Salzwasser 8–10 Minuten al dente kochen.

Kurz bevor die Pasta fertig ist, das Olivenöl in einer schweren Pfanne erhitzen. Den Knoblauch darin bei kleiner Hitze unter ständigem Rühren 1 Minute andünsten, aber nicht bräunen, da er sonst bitter schmeckt. Lachs und Rucola zugeben, mit Salz und Pfeffer würzen und 1 Minute rühren, bis der Rucola zusammenfällt. Die Pfanne vom Herd nehmen.

Das Wasser abgießen und die Pasta gut abtropfen lassen, dann in eine vorgewärmte Servierschüssel füllen, mit der Lachs-Rucola-Mischung vermengen und sofort mit Zitrone garniert servieren.

4 Personen | Vorbereitung 15 min | Garzeit 1 Stunde 45 min

Lasagne al forno

Teigplatten geschichtet mit Fleischsauce und Parmesan und überzogen mit einer reichhaltigen Käsesauce ergeben ein vollwertiges, überaus schmackhaftes Gericht für die ganze Familie.

ZUTATEN
2 EL Olivenöl
50 g Pancetta oder durchwachsener Frühstücksspeck, klein gewürfelt
1 Zwiebel, gehackt
1 Knoblauchzehe, fein gehackt
250 g Rinderhack
2 Selleriestangen, gewürfelt
2 Karotten, gewürfelt
Salz und Pfeffer
1 Prise Zucker
½ TL getrockneter Oregano
400 g gehackte Tomaten aus der Dose
250 g Lasagne-Platten
120 g Parmesan, frisch gerieben

Käsesauce
2 TL Dijon-Senf
70 g Gouda, gerieben
70 g Gruyère, gerieben
1 Portion heiße Béchamelsauce (siehe Seite 27)

VARIATION
Der Gruyère kann nach Belieben durch einen anderen gut schmelzenden, würzigen Käse wie beispielsweise Emmentaler ersetzt werden.

Den Backofen auf 190 °C vorheizen. Das Olivenöl in einem großen, schweren Topf erhitzen. Die Pancetta zugeben und bei mittlerer Hitze unter gelegentlichem Rühren 3 Minuten auslassen. Zwiebel und Knoblauch zugeben und unter gelegentlichem Rühren etwa 5 Minuten weich dünsten.

Das Hackfleisch zufügen und rundum anbräunen. Dabei mit einem Holzlöffel Klümpchen zerdrücken. Sellerie und Karotten unterrühren und etwa 5 Minuten garen. Mit Salz und Pfeffer würzen. Dann Zucker, Oregano und Tomaten zugeben und die Sauce zum Kochen bringen. Die Hitze reduzieren und 30 Minuten köcheln lassen.

Inzwischen für die Käsesauce Senf und beide Käsesorten in die heiße Béchamelsauce rühren.

Fleischsauce, Lasagne-Platten und Parmesan abwechselnd in eine große rechteckige Auflaufform schichten. Mit Teigplatten abschließen. Mit der Käsesauce übergießen und mit Parmesan bestreuen. Die Lasagne im vorgeheizten Ofen 30 Minuten goldbraun backen. Sofort servieren.

4 Personen | Vorbereitung 15 min | Garzeit 1 Stunde 25 min

Nudel-Fleisch-Auflauf

Zum Kochen ist kalt gepresstes Olivenöl viel zu schade, zumal sein feines Aroma dabei verloren geht. Verwenden sie dafür eine weniger wertvolle Qualität. Das Öl sollte am besten kühl und dunkel, aber nicht im Kühlschrank gelagert werden.

ZUTATEN

2 EL Olivenöl
1 Zwiebel, gehackt
1 Knoblauchzehe, fein gehackt
2 Karotten, gewürfelt
50 g Pancetta oder durchwachsener Frühstücksspeck, klein gewürfelt
120 g Champignons, gehackt
500 g Schweinehack
125 ml trockener Weißwein
4 EL passierte Tomaten
200 g gehackte Tomaten aus der Dose
2 TL frisch gehackter Salbei oder ½ TL getrockneter Salbei
Salz und Pfeffer
225 g Penne
125 g Mozzarella, gewürfelt
4 EL frisch geriebener Parmesan
1 Portion heiße Béchamelsauce (siehe Seite 27)

Den Backofen auf 200 °C vorheizen. Das Olivenöl in einer großen, schweren Pfanne erhitzen. Zwiebel, Knoblauch und Karotten zugeben und bei kleiner Hitze unter gelegentlichem Rühren 5 Minuten andünsten, bis die Zwiebel weich ist. Die Pancetta zugeben und 5 Minuten anbraten. Die Pilze zugeben und unter gelegentlichem Rühren weitere 2 Minuten dünsten. Das Fleisch zugeben und rundum anbräunen, dabei Klümpchen mit einem Holzlöffel zerdrücken. Wein, passierte und gehackte Tomaten sowie Salbei unterrühren. Salzen und pfeffern. Die Sauce bei geschlossenem Deckel und kleiner Hitze etwa 25–30 Minuten einkochen.

Die Pasta in einem großen Topf mit Salzwasser 8–10 Minuten al dente kochen.

Die Fleischsauce in eine große Auflaufform füllen. Den Mozzarella und die Hälfte des Parmesans in die Béchamelsauce rühren. Die Pasta abgießen und abtropfen lassen, mit der Sauce vermengen und dann auf der Fleischsauce verteilen. Mit dem restlichen Parmesan bestreuen und im vorgeheizten Ofen 25–30 Minuten goldbraun überbacken. Sofort servieren.

4 Personen | Vorbereitung 15 min | Garzeit 1 Stunde 40 min

Pasticcio

Dieses traditionelle Gericht hat gemeinsame Wurzeln mit einem griechischen Lammauflauf, der heiß und kalt gleichermaßen köstlich schmeckt.

ZUTATEN
1 EL Olivenöl
1 Zwiebel, gehackt
2 Knoblauchzehen, fein gehackt
500 g Lammhack
2 EL Tomatenmark
2 EL Mehl
300 ml Hühnerbrühe (siehe Seite 29)
Salz und Pfeffer
1 TL Zimt
120 g kurze Makkaroni
2 Fleischtomaten, in Scheiben
300 g Naturjoghurt
2 Eier, leicht verquirlt

Den Backofen auf 190 °C vorheizen. Das Olivenöl in einer großen, schweren Pfanne erhitzen. Zwiebel und Knoblauch darin bei kleiner Hitze unter gelegentlichem Rühren 5 Minuten weich dünsten. Das Hackfleisch zugeben und rundum anbraten, dabei Klümpchen mit einem Holzlöffel zerdrücken. Das Tomatenmark zufügen und das Mehl einstreuen. Unter Rühren 1 Minute anschwitzen, dann die Hühnerbrühe einrühren. Mit Salz und Pfeffer würzen und den Zimt unterrühren. Die Fleischsauce zum Kochen bringen. Die Hitze reduzieren, den Deckel aufsetzen und 25 Minuten einkochen.

Inzwischen die Pasta in einem großen Topf mit Salzwasser 8–10 Minuten al dente kochen.

Die Fleischsauce in eine große Auflaufform füllen und die Tomatenscheiben darauf verteilen. Die Pasta abgießen, abtropfen lassen und in eine Schüssel geben. Joghurt und Eier zufügen und alles gut vermengen. Die Nudelmischung auf der Fleischsauce verteilen. Im vorgeheizten Ofen 1 Stunde backen. Sofort servieren.

VARIATION
Pasticcio schmeckt auch mit Geflügelhackfleisch.

4 Personen | Vorbereitung 15 min | Garzeit 1 Stunde 45 min

Cannelloni mit Pilz-Geflügel-Füllung

Diese Nudelteigröhren werden mit einer Mischung aus Pilzen, gehacktem Hühnchenfleisch und Schinken gefüllt. Mit einem grünen Salat ist dieses Gericht auch eine vorzügliche Hauptspeise.

ZUTATEN

Butter, zum Einfetten
2 EL Olivenöl
2 Knoblauchzehen, zerdrückt
1 große Zwiebel, fein gehackt
225 g gemischte Pilze, in Scheiben
350 g Hühnchenhackfleisch
120 g Prosciutto, gewürfelt
150 ml Marsala
200 g gehackte Tomaten aus der Dose
1 EL frisch gehacktes Basilikum
2 EL Tomatenmark
Salz und Pfeffer
10–12 Cannelloni-Röhren
2 Portionen Béchamelsauce (siehe Seite 27)
80 g Parmesan, frisch gerieben

Den Backofen auf 190 °C vorheizen. Eine große Auflaufform leicht mit Butter einfetten. Das Olivenöl in einer schweren Pfanne erhitzen. Knoblauch, Zwiebel und Pilze darin bei kleiner Hitze unter häufigem Rühren 8–10 Minuten dünsten. Hackfleisch und Prosciutto zugeben und unter Rühren 12 Minuten rundum anbraten. Marsala, Tomaten, Basilikum und Tomatenmark zugeben und 4 Minuten garen. Mit Salz und Pfeffer würzen und bei geschlossenem Deckel 30 Minuten köcheln lassen. Umrühren und ohne Deckel weitere 15 Minuten einkochen.

Inzwischen die Cannelloni in einem großen Topf mit Salzwasser al dente kochen. Die Cannelloni abgießen, abtropfen lassen und mit Küchenpapier trocken tupfen.

Die Cannelloni mithilfe eines Teelöffels mit der Hackfleischmasse füllen. Die Teigröhren nebeneinander in die Form legen, vollständig mit der Béchamelsauce überziehen und mit Parmesan bestreuen.

Im vorgeheizten Ofen 30 Minuten goldbraun backen. Sofort servieren.

VARIATION
Nach Belieben kann der Marsala durch dieselbe Menge Weinbrand und die Dosentomaten durch dieselbe Menge frische Tomaten ersetzt werden.

4 Personen | Vorbereitung 20 min | Garzeit 1 Stunde 5 min

Gemüse-Lasagne

Diese fleischlose Variante des klassischen Pasta-Fleisch-Auflaufs wird Vegetarier und Fleischesser gleichermaßen begeistern.

ZUTATEN
Olivenöl, zum Einfetten
2 Auberginen, in Scheiben
2 EL Butter
1 Knoblauchzehe, fein gehackt
4 Zucchini, in Scheiben
1 EL frisch gehackte glatte Petersilie
1 EL frisch gehackter Majoran
225 g Mozzarella, gerieben
600 g passierte Tomaten
175 g Lasagne-Platten
Salz und Pfeffer
2 Portionen Béchamelsauce (siehe Seite 27)
50 g Parmesan, frisch gerieben

Den Backofen auf 200 °C vorheizen. Eine große Auflaufform mit Olivenöl einfetten. Eine Grillpfanne mit Olivenöl ausstreichen und stark erhitzen. Die Auberginenscheiben portionsweise darin bei mittlerer Hitze 8 Minuten von beiden Seiten goldbraun braten. Aus der Pfanne nehmen und auf Küchenpapier abtropfen lassen. Nach Bedarf weiteres Öl in die Pfanne geben.

Die Butter in einer Pfanne zerlassen und Knoblauch, Zucchini, Petersilie und Majoran darin bei mittlerer Hitze unter häufigem Rühren 5 Minuten andünsten, bis die Zucchini gebräunt sind. Aus der Pfanne nehmen und auf Küchenpapier abtropfen lassen.

Auberginen, Zucchini, Mozzarella und Tomaten abwechselnd mit den Teigplatten in die Form schichten und mit Salz und Pfeffer würzen. Mit Teigplatten abschließen. Mit der Béchamelsauce überziehen und mit dem Parmesan bestreuen. Im vorgeheizten Ofen 30–40 Minuten goldbraun backen. Sofort servieren.

TIPP
Achten Sie darauf, dass die eingeölte Grillpfanne richtig heiß ist, bevor die Auberginen hineingegeben werden. Sollten die Auberginen in der Pfanne festkleben, noch etwas mehr Öl zugeben.

4 Personen | Vorbereitung 15 min | Garzeit 40 min

Nudelauflauf mit Pilzen

Crostata *wird ein solcher Auflauf wie hier mit Pasta, Béchamelsauce und Pilzen auf Italienisch genannt. Der Begriff bezeichnet aber auch einen Kuchen aus Mürbeteig mit Obstfüllung.*

ZUTATEN
150 g Fontina, in dünnen Scheiben
1 Portion heiße Béchamelsauce (siehe Seite 27)
80 g Butter, plus etwas mehr zum Einfetten
350 g gemischte Pilze, in Scheiben
350 g Tagliatelle
2 Eigelb
Salz und Pfeffer
4 EL frisch geriebener Pecorino
grüner Salat, zum Servieren

Den Backofen auf 200 °C vorheizen. Den Fontina in die Béchamelsauce rühren.

2 Esslöffel Butter in einem großen Topf bei kleiner Hitze zerlassen. Die Pilze darin unter gelegentlichem Rühren 10 Minuten dünsten.

Inzwischen die Pasta in einem großen Topf mit Salzwasser 8–10 Minuten al dente kochen. Die Pasta abgießen und gut abtropfen lassen. Wieder in den Topf geben und mit der restlichen Butter, Eigelb und einem Drittel der Sauce vermengen. Mit Salz und Pfeffer würzen. Die Pilze vorsichtig unterheben.

Eine große Auflaufform einfetten und die Pastamasse hineingeben. Mit der restlichen Sauce überziehen und mit dem Pecorino bestreuen. Im vorgeheizten Ofen 15–20 Minuten goldbraun backen. Sofort mit einem kleinen grünen Salat servieren.

4 Personen | Vorbereitung 15 min | Garzeit 1 Stunde 15 min

Sizilianische Pastatorte

Dieser klassische Auflauf aus Pasta, Auberginen, Tomaten und Hackfleisch ist ein perfektes Hauptgericht für ein Familienessen. Aber auch Gäste lassen sich damit beeindrucken. Servieren Sie einen kleinen grünen Salat dazu.

ZUTATEN

125 ml Olivenöl
2 Auberginen, in Scheiben
350 g Rinderhack
1 Zwiebel, gehackt
2 Knoblauchzehen, fein gehackt
2 EL Tomatenmark
400 g gehackte Tomaten aus der Dose
1 TL Worcestersauce
1 TL frisch gehackte glatte Petersilie
Salz und Pfeffer
50 g entsteinte schwarze Oliven, in Ringen
1 rote Paprika, klein gewürfelt
175 g Spaghetti
100 g Parmesan, frisch gerieben

Den Backofen auf 200 °C vorheizen. Eine Springform (20 cm Durchmesser) mit Öl einfetten und den Boden mit Backpapier auslegen. Die Hälfte des Öls in einer Pfanne erhitzen und die Auberginen darin portionsweise von beiden Seiten leicht anbräunen. Nach Bedarf weiteres Öl zufügen. Die Auberginenscheiben auf Küchenpapier abtropfen lassen. Boden und Rand der Form überlappend mit den Auberginenscheiben auskleiden.

Das restliche Öl in einem großen Topf erhitzen. Hackfleisch, Zwiebel und Knoblauch darin unter Rühren anbräunen. Dabei Klümpchen mit einem Holzlöffel zerdrücken. Tomatenmark, Tomaten, Worcestersauce und Petersilie zufügen. Salzen und pfeffern und 10 Minuten köcheln lassen. Oliven und Paprika zugeben und weitere 10 Minuten garen.

Die Pasta in einem großen Topf mit Salzwasser 8–10 Minuten al dente kochen. Die Pasta abgießen und gut abtropfen lassen. In eine Schüssel geben und mit der Hackfleischsauce und dem Käse vermengen. Die Masse in die Form füllen und leicht andrücken. Mit den restlichen Auberginenscheiben bedecken. Im vorgeheizten Ofen 40 Minuten backen. Auf einem Kuchengitter 5 Minuten ruhen lassen, dann auf eine Servierplatte stürzen und das Backpapier entfernen. Sofort servieren.

VARIATION

Anstelle der Spaghetti kann andere lange Pasta wie Tagliatelle oder Linguine verwendet werden. Die rote Paprika kann durch gelbe ersetzt werden.

4 Personen | Vorbereitung 30 min | Garzeit 45 min

Lasagne frutti di mare

Für diese Lasagne eignet sich nahezu jeder Fisch. Versuchen Sie doch auch einmal Wolfsbarsch oder Heilbutt mit Käse und Petersilie oder einer anderen Sauce wie in „Variation" vorgeschlagen.

ZUTATEN

500 g Schellfischfilet, in kleinen Stücken
120 g Seezungenfilet, in Streifen
120 g gekochte Garnelen, ausgelöst
Pfeffer
Saft von 1 Zitrone
4 EL Butter
3 Porreestangen, in sehr dünnen Ringen
50 g Mehl
600 ml Milch
2 EL klarer Honig
200 g Mozzarella, gerieben
500 g Lasagne-Platten
60 g Parmesan, frisch gerieben

VARIATION

Für eine Apfelsauce den Porree durch 1 fein gehackte Schalotte, die Milch durch 300 ml Cidre und 300 g Sahne und den Honig durch 1 Teelöffel Senf ersetzen. Für eine toskanische Sauce den Porree durch 1 klein geschnittene Fenchelknolle ersetzen und den Honig weglassen.

Fischfilets und Garnelen in einer großen Schüssel mit Pfeffer und Zitronensaft würzen.

Für die Sauce die Butter in einem großen Topf zerlassen. Den Porree darin unter gelegentlichem Rühren 8 Minuten weich dünsten. Das Mehl einstreuen und unter ständigem Rühren 1 Minute anschwitzen. Nach und nach die Milch zugießen, sodass eine cremige Sauce entsteht.

Honig und Mozzarella unterrühren und die Sauce weitere 3 Minuten kochen. Den Topf vom Herd nehmen und Fisch und Garnelen vorsichtig unterheben.

Fischmasse und Lasagne-Platten abwechselnd in eine große Auflaufform schichten. Dabei mit einer Schicht Fischmasse abschließen. Mit Parmesan bestreuen und im vorgeheizten Backofen bei 180 °C 30 Minuten goldbraun backen. Sofort servieren.

4 Personen | Vorbereitung 10 min | Garzeit 1 Stunde 5 min

Cannelloni mit Ricotta & Schinken

Diese Variante ist feiner als die traditionelle Hackfleischfüllung. Aber auch sie ist ein nahrhaftes Familiengericht, das vor allem bei Kindern gut ankommt.

ZUTATEN

2 EL Olivenöl
2 Zwiebeln, gehackt
2 Knoblauchzehen, fein gehackt
1 EL frisch gehacktes Basilikum
800 g gehackte Tomaten aus der Dose
1 EL Tomatenmark
Salz und Pfeffer
350 g Cannelloni-Röhren
Butter, zum Einfetten
250 g Ricotta
120 g gekochter Schinken, gewürfelt
1 Ei
50 g Pecorino, frisch gerieben

Den Backofen auf 180 °C vorheizen. Das Olivenöl in einer großen, schweren Pfanne erhitzen. Zwiebeln und Knoblauch darin bei kleiner Hitze unter gelegentlichem Rühren 5 Minuten weich dünsten. Basilikum, gehackte Tomaten und Tomatenmark zugeben. Salzen und pfeffern. Die Hitze reduzieren und die Sauce etwa 30 Minuten sanft einkochen.

Inzwischen die Cannelloni in einem großen Topf mit Salzwasser al dente kochen. Die Teigröhren abgießen und abtropfen lassen. Auf einen großen Teller legen und mit Küchenpapier trocken tupfen.

Eine große, flache Auflaufform mit Butter einfetten. Ricotta, Schinken und Ei in einer Schüssel verrühren und mit Salz und Pfeffer würzen. Die Cannelloni-Röhren mithilfe eines Teelöffels mit der Ricotta-Masse füllen und nebeneinander in die Form legen. Die Cannelloni mit der Tomatensauce überziehen und mit dem Pecorino bestreuen. Im vorgeheizten Ofen 30 Minuten goldbraun backen. Sofort servieren.

VARIATION

Nach Belieben kann der Pecorino durch dieselbe Menge Parmesan ersetzt werden.

4 Personen | Vorbereitung 1 Stunde 15 min | Garzeit 25 min

Tortelloni

In diesen kleinen Nudelflecken versteckt sich eine köstliche Champignon-Käse-Füllung. Die Zutatenmenge reicht aus für 36 Tortelloni.

ZUTATEN

300 g Grundrezept Nudelteig (siehe Seite 25), dünn ausgerollt
60 g Butter
50 g Schalotten, fein gehackt
3 Knoblauchzehen, zerdrückt
50 g Champignons, fein gehackt
½ Selleriestange, fein gehackt
2 EL frisch geriebener Pecorino, plus etwas mehr zum Garnieren
Salz und Pfeffer
1 EL Öl

Mit einem gewellten Teigrädchen 72 Quadrate (Seitenlänge 5 cm) aus dem Pastateig ausschneiden. Die Quadrate mit Frischhaltefolie abdecken, damit sie nicht austrocknen.

Für die Füllung 3 Esslöffel Butter in einer Pfanne zerlassen. Schalotten, 1 Knoblauchzehe, Champignons und Sellerie zugeben und 4–5 Minuten andünsten.

Die Pfanne vom Herd nehmen, den Pecorino unterrühren und mit Salz und Pfeffer abschmecken.

Je 1 Teelöffel Füllung auf die Hälfte der Teigquadrate setzen. Die Ränder der Quadrate mit Wasser befeuchten, die restlichen 36 Teigflecken darauflegen und an den Rändern fest andrücken. Dann 5 Minuten ruhen lassen.

Reichlich Salzwasser in einem großen Topf bis knapp unter den Siedepunkt erhitzen und das Öl zufügen. Die Tortelloni darin portionsweise 2–3 Minuten gar ziehen lassen, bis sie an die Wasseroberfläche steigen. Mit einem Schaumlöffel aus dem Topf nehmen und gut abtropfen lassen.

Inzwischen die restliche Butter in einem Topf zerlassen. Die restlichen Knoblauchzehen und reichlich Pfeffer darin kurz erhitzen. Die Tortelloni auf Servierteller geben und mit der Knoblauchbutter übergießen. Mit Pecorino bestreuen und sofort servieren.

4 Personen | Vorbereitung 25 min | Garzeit 50 min

Osterauflauf

Dieser Risotto ist eine Spezialität aus dem norditalienischen Piemont und kommt traditionell zu Ostern auf den Tisch. Er kann warm oder kalt serviert werden.

ZUTATEN
80 g Rucola
2 EL Olivenöl
1 Zwiebel, gehackt
2 Knoblauchzehen, zerdrückt
200 g Risotto-Reis
700 ml heiße Hühner- oder Gemüsebrühe (siehe Seite 29)
120 ml Weißwein
50 g Parmesan, frisch gerieben
100 g Erbsen, Tiefkühlware aufgetaut
2 Tomaten, gewürfelt
4 Eier, verquirlt
3 EL frisch gehackter Majoran
Salz und Pfeffer
50 g Semmelbrösel

Eine Backform (24 cm Durchmesser) leicht einfetten und mit Backpapier auslegen.

Den Rucola grob hacken.

Das Öl in einer großen Pfanne erhitzen. Zwiebel und Knoblauch darin 4–5 Minuten weich dünsten.

Den Reis untermischen. Dann die Brühe kellenweise zugießen und nach jeder Zugabe so lange rühren, bis die Brühe aufgesogen ist.

Zuletzt den Wein zugießen und rühren, bis der Reis gar ist. Dies dauert etwa 15 Minuten. Parmesan, Erbsen, Rucola, Tomaten, Eier und 2 Esslöffel Majoran unterrühren. Mit Salz und Pfeffer abschmecken.

Die Masse in die vorbereitete Form füllen und mit einem Holzlöffel andrücken. Die Oberfläche mit den Semmelbröseln und dem restlichen Majoran bestreuen.

Im vorgeheizten Ofen bei 180 °C 30 Minuten goldbraun backen. In Stücke schneiden und sofort servieren.

6 Personen | Vorbereitung 10 min + 30 min Einweichzeit | Garzeit 40 min

Sonnenschein-Risotto

Pecorino ist ein italienischer Käse, der aus Schafsmilch hergestellt wird. Besonders schmackhaft ist der reife Pecorino sardo matturo *aus Sardinien.*

ZUTATEN

12 getrocknete Tomaten
1,5 l Hühner- oder Gemüsebrühe (siehe Seite 29)
2 EL Olivenöl
1 große Zwiebel, fein gehackt
4–6 Knoblauchzehen, fein gehackt
400 g Risotto-Reis
2 EL frisch gehackte glatte Petersilie
125 g alter Pecorino, frisch gerieben
natives Olivenöl extra, zum Beträufeln

Die getrockneten Tomaten in einer hitzebeständigen Schüssel mit kochendem Wasser bedecken und 30 Minuten einweichen lassen. Das Wasser abgießen und die Tomaten mit Küchenpapier trocken tupfen. In dünne Streifen schneiden und beiseitestellen.

Die Brühe in einem Topf aufkochen. Die Hitze reduzieren und die Brühe während der Zubereitung des Risottos heiß halten.

Das Öl in einem Topf erhitzen. Die Zwiebel darin bei mittlerer Hitze 2 Minuten unter gelegentlichem Rühren glasig dünsten. Den Knoblauch zufügen und 15 Sekunden mitdünsten.

Die Hitze reduzieren, den Reis zugeben und 2–3 Minuten unter ständigem Rühren andünsten, bis die Körner glasig sind.

Bei mittlerer Hitze die heiße Brühe kellenweise zugießen und nach jeder Zugabe rühren, bis die Flüssigkeit aufgesogen ist. Nach etwa 15 Minuten die getrockneten Tomaten untermengen.

Weiterhin die Brühe zugießen und rühren, bis der Reis nach etwa 20 Minuten gar und cremig ist.

Den Topf vom Herd nehmen. Petersilie und die Hälfte des Pecorinos untermischen. Den Risotto auf 6 vorgewärmte Servierteller verteilen, mit Öl beträufeln und mit dem restlichen Käse garnieren. Sofort servieren.

4 Personen | Vorbereitung 15 min | Garzeit 30 min

Risotto mit Gorgonzola

Einer der ältesten Blauschimmelkäsesorten der Welt ist der berühmte italienische Gorgonzola. Er hat eine cremige Konsistenz und ein würzig-pikantes Aroma. Riecht der Käse bitter oder sieht hart und trocken aus, sollte man ihn nicht mehr kaufen. Die cremigere, mildere Variante, Dolcelatte, *wurde erst in den 1960er-Jahren entwickelt.*

ZUTATEN
1,2 l Gemüsebrühe (siehe Seite 29)
3 EL Butter
1 EL Olivenöl
1 kleine Zwiebel, fein gehackt
50 g Frühstücksspeck, gewürfelt
300 g Risotto-Reis
Salz und Pfeffer
120 g Gorgonzola oder Dolcelatte

Die Brühe in einem Topf aufkochen. Die Hitze reduzieren und die Brühe während der Zubereitung des Risottos heiß halten.

2 Esslöffel Butter mit dem Öl in einem tiefen Topf bei kleiner Hitze zerlassen. Zwiebel und Speck darin unter gelegentlichem Rühren 5 Minuten anbraten, bis der Speck leicht anbräunt und die Zwiebel weich ist.

Den Reis zugeben und 2–3 Minuten unter ständigem Rühren andünsten, bis die Körner glasig sind.

Bei mittlerer Hitze die heiße Brühe kellenweise zugießen und nach jeder Zugabe rühren, bis nach etwa 20 Minuten die Brühe aufgebraucht und der Reis gar und cremig ist. Mit Salz und Pfeffer würzen.

Den Topf vom Herd nehmen und die restliche Butter unterziehen. Die Hälfte des Käses zerkleinern und unterrühren, bis er schmilzt. Gut mit Pfeffer abschmecken.

Den Risotto auf vorgewärmte Servierteller verteilen. Den restlichen Käse würfeln und vor dem Servieren über den Risotto streuen.

4 Personen | Vorbereitung 15 min | Garzeit 35 min

Risotto mit Walnüssen

Ebenso wie Soufflés sollten auch Risottos vor dem Servieren nicht zu lange stehen bleiben. Wenn die mantecatura, *also das abschließende Verfeinern mit Butter oder Parmesan, erfolgt ist und der Risotto schön cremig geworden ist, sollte er sofort serviert werden.*

ZUTATEN
1,2 l Gemüsebrühe (siehe Seite 29)
70 g Butter
1 EL Olivenöl
1 kleine Zwiebel, fein gehackt
300 g Risotto-Reis
Salz und Pfeffer
100 g Walnusshälften
75 g Parmesan oder Grana Padano, frisch gerieben
60 g Mascarpone
50 g Gorgonzola, gewürfelt

Die Brühe in einem Topf aufkochen. Die Hitze reduzieren und die Brühe während der Zubereitung des Risottos heiß halten.

2 Esslöffel Butter mit dem Öl in einem tiefen Topf bei kleiner Hitze zerlassen. Die Zwiebel darin 5–7 Minuten unter gelegentlichem Rühren goldgelb dünsten.

Die Hitze reduzieren, den Reis zugeben und 2–3 Minuten unter ständigem Rühren andünsten, bis die Körner glasig sind.

Bei mittlerer Hitze die heiße Brühe kellenweise zugießen und nach jeder Zugabe so lange rühren, bis die Brühe aufgesogen ist. Nach etwa 20 Minuten sollte der Reis gar und cremig sein. Mit Salz und Pfeffer abschmecken.

Inzwischen 2 Esslöffel der restlichen Butter in einer Pfanne bei mittlerer Hitze zerlassen. Die Walnüsse darin 2–3 Minuten rösten.

Den Topf vom Herd nehmen und die restliche Butter unter den Risotto ziehen. Dann Parmesan, Mascarpone, Gorgonzola und fast alle Walnüsse unterheben, bis der Käse geschmolzen ist. Den Risotto auf vorgewärmte Servierteller verteilen und mit den restlichen Walnüssen garnieren. Sofort servieren.

4 Personen | Vorbereitung 15 min | Garzeit 35 min

Grüner Minz-Risotto

Dieser Gaumenschmaus erhält seine frische grüne Farbe durch Spinat und Minze. Wenn Sie italienisches Brot und einen kleinen Salat dazureichen, wird daraus ein leckeres Mittag- oder Abendessen.

ZUTATEN

1 l Hühner- oder Gemüsebrühe (siehe Seite 29)
2 EL Butter
230 g Erbsen, frisch gepalt oder aufgetaute Tiefkühlware
300 g Baby-Spinatblätter, gewaschen und abgetropft
1 Bund frische Minze, Blätter abgezupft
2 EL frisch gehacktes Basilikum
2 EL frisch gehackter Oregano
1 Prise frisch geriebene Muskatnuss
4 EL Mascarpone oder Crème fraîche
2 EL Pflanzenöl
1 Zwiebel, fein gehackt
2 Selleriestangen mit Blättern, fein gehackt
2 Knoblauchzehen, fein gehackt
½ TL getrockneter Thymian
400 g Risotto-Reis
50 ml trockener Wermut
75 g Parmesan, frisch gerieben

Die Brühe in einem Topf zum Kochen bringen. Die Hitze reduzieren und die Brühe während der Zubereitung des Risottos heiß halten.

Die Hälfte der Butter in einer tiefen Pfanne bei mittlerer bis starker Hitze zerlassen, bis sie zu schäumen beginnt. Erbsen, Spinat, Minze, Basilikum und Oregano zufügen und mit Muskat würzen. Unter häufigem Rühren 3 Minuten andünsten, bis Spinat- und Minzeblätter zusammengefallen sind. Etwas abkühlen lassen.

Die Spinatmischung im Mixer 15 Sekunden zerkleinern. Dann den Mascarpone zugeben und 1 weitere Minute mixen. Die Masse in eine Schüssel füllen.

Die restliche Butter mit dem Öl und in einer großen, schweren Pfanne bei mittlerer Hitze zerlassen. Zwiebel, Sellerie, Knoblauch und Thymian darin unter gelegentlichem Rühren 2 Minuten andünsten.

Die Hitze reduzieren, den Reis zugeben und 2–3 Minuten unter ständigem Rühren andünsten, bis die Körner glasig sind. Mit dem Wermut ablöschen und unter ständigem Rühren verkochen lassen.

Bei mittlerer Hitze die heiße Brühe kellenweise zugießen und nach jeder Zugabe rühren, bis die Brühe aufgesogen ist. Nach etwa 20 Minuten sollte der Reis gar und cremig sein.

Spinat-Mascarpone-Mischung und Parmesan unterheben. Den Risotto auf vorgewärmte Servierteller verteilen und sofort servieren.

VARIATION
Falls Sie keinen Wermut im Haus haben, können Sie ihn durch dieselbe Menge trockenen Weißwein ersetzen.

4 Personen | Vorbereitung 15 min | Garzeit 35 min

Risi e bisi

Reis mit Erbsen – dieses berühmte Gericht ist eine der zahlreichen Risotto-Varianten aus Venetien.

ZUTATEN

1 l Hühner- oder Gemüsebrühe (siehe Seite 29)
80 g Butter
3 Schalotten, fein gehackt
120 g Pancetta oder Frühstücksspeck, gewürfelt
275 g Risotto-Reis
150 ml trockener Weißwein
220 g Erbsen, Tiefkühlware aufgetaut
Salz und Pfeffer
frisch gehobelter Parmesan, zum Servieren

Die Brühe in einen großen Topf gießen und aufkochen. Die Hitze reduzieren und die Brühe während der Zubereitung des Risottos heiß halten.

50 g Butter in einem zweiten großen Topf bei kleiner Hitze zerlassen. Schalotten und Pancetta zugeben und unter gelegentlichem Rühren 5 Minuten weich dünsten. Den Reis zugeben und unter Rühren andünsten, bis die Körner glasig sind.

Mit dem Wein ablöschen und rühren, bis er fast vollständig aufgesogen ist. Nun die Brühe kellenweise zugießen und nach jeder Zugabe rühren, bis die Brühe aufgesogen ist.

Nach 10 Minuten die Erbsen zugeben und den Risotto wie oben beschrieben weitergaren. Nach insgesamt 20 Minuten sollte der Reis gar und cremig sein.

Den Topf vom Herd nehmen und die restliche Butter unterziehen. Mit Salz und Pfeffer würzen. Den Risotto in eine vorgewärmte Servierschüssel füllen, mit Parmesanspänen garnieren und sofort servieren.

VARIATION

Ersetzen Sie Pancetta oder Speck durch gewürfelten gekochten Hinterschinken. Dieser muss allerdings nicht wie der Speck angebraten werden, sondern wird erst gegen Ende der Garzeit zugegeben.

2 Personen | Vorbereitung 20 min | Garzeit 1 Stunde

Gefüllte Auberginen

Eine halbierte, mit Risottomischung gefüllte und mit Käse überbackene Aubergine ist eine schmackhafte, kleine Zwischenmahlzeit oder ein schnelles Gericht für zwei.

ZUTATEN
60 g Langkorn-Wildreis-Mix
1 Aubergine (350 g)
1 EL Olivenöl
1 kleine Zwiebel, fein gehackt
1 Knoblauchzehe, zerdrückt
½ kleine rote Paprika, klein gewürfelt
2 EL Wasser
3 EL Rosinen
25 g Cashewkerne, grob gehackt
½ TL getrockneter Oregano
40 g Edamer oder Parmesan, frisch gerieben
Salz und Pfeffer
Oregano oder Petersilie, zum Garnieren

Den Reis in Salzwasser etwa 15 Minuten gar kochen. Das Wasser abgießen, den Reis abschrecken und abtropfen lassen.

Wasser in einem großen Topf zum Kochen bringen. Den Stielansatz der Aubergine abschneiden und die Frucht längs halbieren. Das Fruchtfleisch vorsichtig herauslösen, dabei einen 1,5 cm breiten Rand lassen. Die Auberginenhälften 3–4 Minuten im kochenden Wasser blanchieren. Gut abtropfen lassen. Das herausgelöste Auberginenfleisch klein schneiden.

Das Öl in einem Topf erhitzen. Zwiebel und Knoblauch darin bei kleiner Hitze weich dünsten. Paprika und Auberginenfleisch zugeben und 2–3 Minuten dünsten. Mit dem Wasser ablöschen und weitere 2–3 Minuten garen.

Rosinen, Cashewkerne, Oregano und Reis untermischen. Mit Salz und Pfeffer würzen.

Die Auberginenhälften in eine flache Auflaufform legen und mit der Reismischung füllen. Mit Alufolie abdecken und im vorgeheizten Ofen bei 190 °C 25 Minuten backen.

Die Alufolie abnehmen und die Auberginen mit dem Käse bestreuen. Unter dem heißen Backofengrill 3–4 Minuten goldbraun überbacken. Mit Oregano oder Petersilie garnieren und sofort servieren.

4 Personen | Vorbereitung 15 min | Garzeit 35 min

Hühnchen-Risotto mit Safran

Risottos gibt es in unzähligen Varianten. Dem folgenden Rezept können Sie kurz vor Ende der Garzeit zusätzlich noch Cashewkerne und Mais, kurz angebratene Zucchini mit Basilikum oder aber Artischockenherzen und Austernpilze zufügen.

ZUTATEN
1,3 l Hühnerbrühe (siehe Seite 29)
125 g Butter
1 kg Hähnchenbrustfilet, in dünnen Streifen
1 große Zwiebel, gehackt
500 g Risotto-Reis
150 ml Weißwein
1 TL zerdrückte Safranfäden
Salz und Pfeffer
50 g Parmesan, frisch gerieben

Die Brühe in einem Topf aufkochen. Die Hitze reduzieren und die Brühe während der Zubereitung des Risottos heiß halten.

Inzwischen 50 g Butter in einem großen Topf zerlassen. Fleischstreifen und Zwiebeln darin unter häufigem Rühren 8 Minuten rundum anbräunen.

Den Reis zugeben und 2–3 Minuten unter ständigem Rühren andünsten, bis die Körner glasig sind. Mit dem Wein ablöschen und 1 Minute rühren.

Den Safran mit 4 Esslöffeln heißer Brühe mischen. Zum Reis geben und rühren, bis die Flüssigkeit aufgesogen ist.

Die restliche Brühe kellenweise zugießen und nach jeder Zugabe rühren, bis die Brühe aufgesogen ist. Nach etwa 20 Minuten sollte der Reis gar und cremig sein. Mit Salz und Pfeffer abschmecken.

Den Topf vom Herd nehmen und die restliche Butter unterziehen. Dann den Parmesan unterrühren. Den Risotto auf vorgewärmte Servierteller verteilen und sofort servieren.

4 Personen | Vorbereitung 15 min | Garzeit 35 min

Risotto mit Spinat & Schinken

Etwas herzhafter wird dieser Risotto, wenn Sie den Kochschinken durch Salami ersetzen. Vergessen Sie nicht, die Salami zu häuten, bevor Sie sie klein schneiden.

ZUTATEN
250 g Baby-Spinatblätter, geputzt
120 g gekochter Schinken
1 l Hühnerbrühe (siehe Seite 29)
3 EL Butter
1 EL Olivenöl
1 kleine Zwiebel, fein gehackt
300 g Risotto-Reis
150 ml trockener Weißwein
50 g Sahne
75 g Parmesan oder Grana Padano, frisch gerieben
Salz und Pfeffer

Den Spinat gründlich waschen und in dünne Streifen schneiden. Den Schinken ebenfalls in dünne Streifen schneiden.

Die Brühe in einem Topf aufkochen. Die Hitze reduzieren und die Brühe während der Zubereitung des Risottos heiß halten.

2 Esslöffel Butter mit dem Öl in einem großen Topf bei kleiner Hitze zerlassen. Die Zwiebel zugeben und 5 Minuten unter gelegentlichem Rühren goldgelb dünsten. Nicht anbräunen.

Die Hitze reduzieren, den Reis zugeben und 2–3 Minuten unter ständigem Rühren andünsten, bis die Körner glasig sind. Mit dem Wein ablöschen und 1 Minute rühren.

Bei mittlerer Hitze die heiße Brühe kellenweise zugießen und nach jeder Zugabe rühren, bis die Brühe aufgesogen ist. Mit der letzten Brühe Spinat und Schinken unterrühren. Nach etwa 20 Minuten sollte der Reis gar und cremig sein.

Den Topf vom Herd nehmen und restliche Butter und Sahne unterziehen. Dann den Parmesan unterrühren. Mit Salz und Pfeffer würzen und sofort servieren.

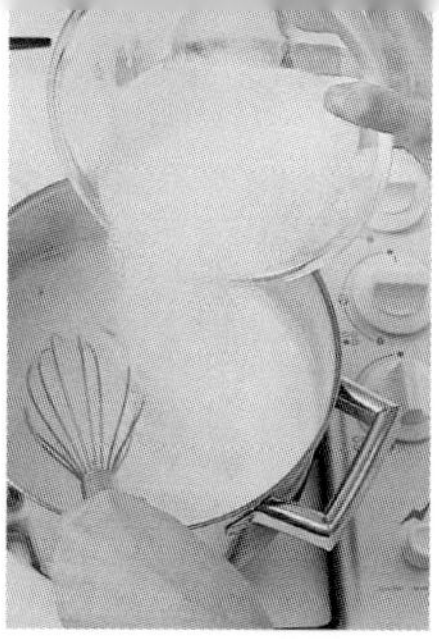

4 Personen | Vorbereitung 1 Stunde 15 min + 1 Stunde Kühlzeit | Garzeit 45 min

Gnocchi romana

„Römische Klöße", so die wörtliche Übersetzung, sind ein sehr traditionelles Gericht. Für eine etwas schlankere Version können Sie die Eier weglassen.

ZUTATEN
750 ml Milch
1 Prise frisch geriebene Muskatnuss
70 g Butter, plus etwas mehr zum Einfetten
Salz und Pfeffer
150 g Weizengrieß
150 g Parmesan, frisch gerieben
2 Eier, verquirlt
75 g Emmentaler, gerieben
frisches Basilikum, zum Garnieren

Die Milch in einem Topf zum Kochen bringen. Den Topf vom Herd nehmen und Muskat und 2 Esslöffel Butter unterrühren. Mit Salz und Pfeffer würzen.

Den Grieß unter ständigem Rühren einrieseln lassen. Den Topf wieder auf den Herd stellen und bei kleiner Hitze unter ständigem Rühren 10 Minuten quellen lassen, bis ein sehr fester Brei entstanden ist.

Zunächst die Hälfte des Parmesans, dann die Eier unter den Brei rühren. Den Grießbrei einige Minuten abkühlen lassen, dann 1 cm dick auf einen Bogen Backpapier oder ein geöltes Backblech streichen. Den Brei vollständig erkalten, dann 1 Stunde im Kühlschrank ruhen lassen.

Nun aus der Grießmasse 4 cm große Kreise ausstechen.

Eine große, flache Auflaufform mit Butter einfetten und den Boden mit den Resten der Grießmasse auslegen. Dann die Grießtaler überlappend darauf anordnen.

Die restliche Butter zerlassen und über die Gnocchi träufeln. Erst mit dem restlichen Parmesan, dann mit dem Emmentaler bestreuen. Im vorgeheizten Backofen bei 200 °C 25–30 Minuten goldbraun backen. Mit Basilikum garnieren und sofort servieren.

4 Personen | Vorbereitung 30 min + 1 Stunde Kühlzeit | Garzeit 15 min

Spinat-Ricotta-Gnocchi

Am besten schmecken diese köstlichen kleinen Klöße aus Spinat und Ricotta, wenn sie mit einer schlichten Kräuterbutter und etwas Parmesan serviert werden.

ZUTATEN
1 kg frischer Blattspinat, geputzt
375 g Ricotta
100 g Parmesan, frisch gerieben
3 Eier, leicht verquirlt
1 Prise frisch geriebene Muskatnuss
Salz und Pfeffer
120 g Mehl, plus etwas mehr zum Bestäuben

Kräuterbutter
120 g Butter
2 EL frisch gehackter Oregano
2 EL frisch gehackter Salbei

Den Spinat waschen und ohne Abtropfen in einen Topf geben. Den Deckel aufsetzen und bei kleiner Hitze 6–8 Minuten dünsten, bis er zusammenfällt. Gut abtropfen und auskühlen lassen.

So viel Wasser wie möglich aus dem Spinat drücken und fein hacken oder im Mixer zerkleinern. Den Spinat in einer Schüssel mit Ricotta, der Hälfte des Parmesans, Eiern und Muskat glatt rühren. Mit Salz und Pfeffer würzen. Das Mehl darübersieben und locker in die Spinatmasse einarbeiten, bis sich der Teig zu Kugeln formen lässt. Falls nötig, noch etwas Mehl einarbeiten. Mit Frischhaltefolie abdecken und 1 Stunde im Kühlschrank ruhen lassen.

Mit bemehlten Händen walnussgroße Kugeln aus dem Teig formen. Die Gnocchi leicht mit Mehl bestäuben.

Einen großen Topf Salzwasser bis knapp unter den Siedepunkt erhitzen. Die Gnocchi portionsweise hineingeben und 2–3 Minuten gar ziehen lassen, bis sie an die Oberfläche steigen. Mit einem Schaumlöffel herausnehmen und abtropfen lassen.

Inzwischen für die Kräuterbutter die Butter in einer großen Pfanne zerlassen. Oregano und Salbei zugeben und bei kleiner Hitze unter Rühren 1 Minute dünsten. Die Gnocchi zugeben und 1 Minute in der Kräuterbutter schwenken. Auf vorgewärmte Servierteller verteilen, mit dem restlichen Parmesan bestreuen und sofort servieren.

4 Personen | Vorbereitung 30 min + 1 Stunde Kühlzeit | Garzeit 40 min

Gnocchi mit Tomatensauce

Gnocchi werden in Italien meist als primo piatto, *als erster Gang, serviert. Doch sind sie auch eine ausgefallene Beilage zu Fleisch oder Fisch.*

ZUTATEN

750 ml Milch
200 g Weizengrieß
1 EL frisch gehacktes Basilikum
4 getrocknete Tomaten in Öl, abgetropft und fein gehackt
2 Eier, leicht verquirlt
50 g Butter, plus etwas mehr zum Einfetten
75 g Parmesan, frisch gerieben
Salz und Pfeffer
1 Portion Tomatensauce (siehe Seite 26), zum Servieren

Die Milch in einen großen Topf geben und bis knapp unter den Siedepunkt erhitzen. Den Grieß unter ständigem Rühren einrieseln lassen. Die Hitze reduzieren und 2 Minuten quellen lassen, bis ein dicker Brei entstanden ist. Den Topf vom Herd nehmen. Basilikum, Tomaten, Eier sowie die Hälfte von Butter und Parmesan einarbeiten. Mit Salz und Pfeffer würzen. Den Grießbrei in eine flache Form füllen und die Oberfläche glatt streichen. Abkühlen lassen, dann mindestens 1 Stunde im Kühlschrank fest werden lassen.

Eine Auflaufform leicht einfetten. Mit einer leicht bemehlten Ausstechform Kreise aus der Grießmasse ausstechen. Die Reste der Grießmasse in die Auflaufform geben und mit den Kreisen belegen.

Die restliche Butter zerlassen und die Kreise damit bestreichen. Mit dem restlichen Parmesan bestreuen. Im vorgeheizten Backofen bei 190 °C 30–35 Minuten goldbraun backen. Sofort mit der Tomatensauce servieren.

Drittes Kapitel

SECONDI PIATTI
Fleisch, Geflügel, Wild, Fisch & Meeresfrüchte, vegetarische Hauptgerichte

In Italien liebt man mageres, zartes Fleisch, frischen Fisch und aromatisches Gemüse. Hier zählt Qualität, nicht Quantität! Im Folgenden präsentieren wir Ihnen die besten italienischen Hauptgerichte, die Ihre Familie ebenso wie Ihre Gäste garantiert begeistern werden.

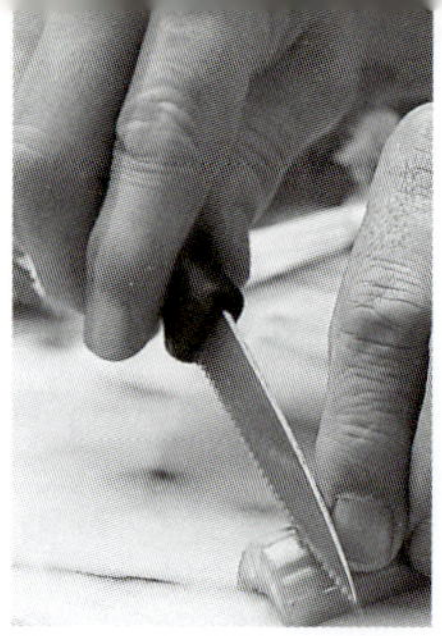

4 Personen | Vorbereitung 15 min | Garzeit 2 Stunden 30 min

Rindfleisch in Rotwein

Aus der Toskana kommt nicht nur das angeblich beste Olivenöl der Welt, sondern auch einige einfache, aber umso köstlichere Gerichte, in denen sich die Aromen der Region auf perfekte Weise vereinen.

ZUTATEN
1,25 kg Rinderbraten aus der Oberschale
Salz und Pfeffer
3 EL Olivenöl
1 rote Zwiebel, gehackt
1 Knoblauchzehe, fein gehackt
2 Karotten, in Scheiben
2 Selleriestangen, in Scheiben
300 ml Chianti
200 g gehackte Tomaten aus der Dose
1 EL frisch gehackter Oregano
1 EL frisch gehackte glatte Petersilie
1 Lorbeerblatt

Den Backofen auf 180 °C vorheizen. Das Fleisch rundum mit Salz und Pfeffer würzen. Das Olivenöl in einem Bräter erhitzen. Das Fleisch darin bei mittlerer Hitze von allen Seiten braun anbraten. Das Fleisch aus dem Bräter nehmen.

Die Hitze reduzieren. Zwiebel, Knoblauch, Karotten und Sellerie zugeben und unter gelegentlichem Rühren 5 Minuten weich dünsten. Mit dem Rotwein ablöschen. Tomaten, Oregano, Petersilie und Lorbeerblatt unterrühren und zum Kochen bringen.

Das Fleisch wieder in den Topf geben und die Gemüsemischung darübergeben. Den Deckel aufsetzen und 2–2½ Stunden im vorgeheizten Ofen schmoren, bis das Fleisch zart ist. Dabei gelegentlich das Gemüse über das Fleisch löffeln.

Den Braten auf ein Schneidebrett heben und mit Alufolie abdecken. Den Bräter auf den Herd stellen und den Bratensaft bei starker Hitze einige Minuten einkochen.

Den Braten in Scheiben schneiden und auf einer vorgewärmten Servierplatte anrichten. Den Bratensaft durch ein Sieb passieren und über das Fleisch gießen. Sofort servieren.

4 Personen | Vorbereitung 10 min | Garzeit 25 min

Grillsteaks alla pizzaiola

In Neapel wird man schwerlich ein Gericht finden, das ohne die herrlich roten und aromatischen heimischen Tomaten auskommt. Und so werden diese Steaks mit einer Pizzaiola, eigentlich die Grundsauce für Pizzas, serviert.

TIPP

**Tomaten lassen sich einfach häuten, wenn Sie sie unten kreuzweise einschneiden, in einer Schüssel mit kochendem Wasser übergießen und 3–4 Minuten ziehen lassen.*

ZUTATEN

3 EL Olivenöl, plus etwas mehr zum Bestreichen
700 g Tomaten, gehäutet* und gehackt
1 rote Paprika, klein gewürfelt
1 Zwiebel, gehackt
2 Knoblauchzehen, fein gehackt
1 EL frisch gehackte glatte Petersilie
1 TL getrockneter Oregano
1 TL Zucker
Salz und Pfeffer
4 Entrecôtes oder Rumpsteaks (à 180 g)

Öl, Tomaten, Paprika, Zwiebel, Knoblauch, Petersilie, Oregano und Zucker in einen großen Topf geben. Mit Salz und Pfeffer würzen und zum Kochen bringen. Die Hitze reduzieren und 15 Minuten köcheln lassen.

Inzwischen die Steaks parieren. Großzügig mit Pfeffer (kein Salz) würzen und mit Olivenöl bestreichen. Eine Grillpfanne stark erhitzen und die Steaks 1 Minute von jeder Seite anbraten. Die Hitze auf mittlere Stufe reduzieren und nach Belieben weitere 1½–2 Minuten (blutig), 2½–3 Minuten (medium) oder 3–4 Minuten (durchgegart) von jeder Seite braten.

Die Steaks auf vorgewärmten Serviertellern mit der Sauce anrichten und sofort servieren.

6 Personen | Vorbereitung 35 min | Garzeit 1 Stunde 30 min

Hackbraten sopresa

Dieser „Braten" hält in seinem Innern eine Überraschung bereit, die ihn zu einer vollständigen herzhaften Hauptmahlzeit macht.

ZUTATEN

2 EL Butter, plus etwas mehr zum Einfetten
1 kleine Zwiebel, fein gehackt
1 kleine rote Paprika, klein gewürfelt
1 Knoblauchzehe, gehackt
1 kg Rinderhack
75 g Semmelbrösel
½ TL Cayennepfeffer
1 EL Zitronensaft
½ TL abgeriebene Zitronenschale
2 EL frisch gehackte Petersilie
Salz und Pfeffer
120 g kurze Nudeln, z. B. Fusilli
250 ml Béchamelsauce (siehe Seite 27)
4 Lorbeerblätter
150 g durchwachsener Frühstücksspeck
Salat, zum Garnieren

Den Backofen auf 180 °C vorheizen. Die Butter in einem Topf bei mittlerer Hitze zerlassen. Zwiebel und Paprika darin etwa 3 Minuten andünsten. Den Knoblauch zufügen und 1 Minute weich dünsten.

Das Hackfleisch in eine Schüssel geben und mit einem Holzlöffel zu einer kompakten Masse drücken. Mit Zwiebelmischung, Semmelbröseln, Cayennepfeffer, Zitronensaft und -schale und Petersilie sorgfältig vermengen. Salzen und pfeffern.

Die Pasta in einem großen Topf mit Salzwasser al dente kochen. Die Pasta abgießen und abtropfen lassen. Dann unter die Béchamelsauce mischen.

Eine 1-l-Kastenform einfetten und den Boden mit den Lorbeerblättern auslegen. Die Speckscheiben strecken und Boden und Seiten der Form damit auskleiden. Die Hälfte des Hackfleischs hineingeben und glatt streichen. Mit Nudeln und Sauce bedecken, dann das restliche Hackfleisch darübergeben. Die Oberfläche glatt streichen und die Form mit Alufolie abdecken.

Den Hackbraten im vorgeheizten Ofen 1 Stunde backen, bis beim Einstechen klarer Fleischsaft austritt. Überschüssiges Fett abgießen und den Braten auf einen Servierteller stürzen. Mit Salatblättern garnieren und sofort servieren.

VARIATION
Rühren Sie 2 Esslöffel geriebenen Parmesan in die Béchamelsauce, bevor Sie die Pasta untermischen.

4 Personen | Vorbereitung 45 min | Garzeit 1 Stunde 45 min

Deftiges Rindergulasch

Dieses langsam geschmorte Gulasch auf italienische Art wird durch Orangenschale, Rotwein und Steinpilze verfeinert.

ZUTATEN
1 EL Öl
1 EL Butter
250 g sehr kleine Zwiebeln, halbiert
600 g Rinderschmorfleisch, in 4 cm großen Würfeln
300 ml Rinderbrühe
150 ml Rotwein
4 EL frisch gehackter Oregano
1 EL Zucker
1 unbehandelte Orange
25 g getrocknete Steinpilze
250 g Eiertomaten
gekochter Reis oder Salzkartoffeln, zum Servieren

Den Backofen auf 180 °C vorheizen. Öl und Butter in einer großen Pfanne erhitzen. Die Zwiebeln zugeben und 5 Minuten goldbraun braten. Mit einem Schöpflöffel aus der Pfanne nehmen und warm halten.

Die Fleischwürfel in die Pfanne geben und unter Rühren 5 Minuten rundum gut anbräunen.

Die Zwiebeln zurück in die Pfanne geben. Mit Brühe und Wein ablöschen. Oregano und Zucker zufügen und gut unterrühren. Die Mischung in einen Bräter füllen.

Die Schale der Orange dünn ablösen und in feine Stifte schneiden. Die weiße Innenschale entfernen und das Orangenfruchtfleisch in Scheiben schneiden. Beides unter die Fleischwürfel mischen. Das Gulasch 1¼ Stunden im vorgeheizten Ofen schmoren.

Die Pilze mit 4 Esslöffeln warmem Wasser in eine Schale geben und 30 Minuten einweichen.

Die Tomaten häuten, halbieren und zusammen mit den Pilzen samt Einweichwasser unter das Gulasch mischen. Weitere 20 Minuten im Backofen schmoren, bis das Fleisch zart und die Sauce eingedickt ist. Mit Reis oder Kartoffeln servieren.

TIPP
Falls Sie keine frischen Eiertomaten erhalten, verwenden Sie als Ersatz vorzugsweise gehackte Tomaten aus der Dose anstatt andere frische Tomaten.

4 Personen | Vorbereitung 30 min + 1 Stunde Kühlzeit | Garzeit 6 min

Schweineschnitzel mit Mozzarella

Auch wenn viele andere Städte versuchen, Rom den Ruf als gastronomische Hauptstadt Italiens streitig zu machen, die Ewige Stadt trägt noch immer die Krone.

ZUTATEN
800 g Schweinefilet
2–3 Knoblauchzehen, fein gehackt
175 g Mozzarella, abgetropft
Salz und Pfeffer
12 Scheiben Prosciutto
12 frische Salbeiblätter
50 g Butter
Mostarda di Verona*, zum Servieren (nach Belieben)

Zum Garnieren
glatte Petersilienzweige
Zitronenscheiben

Das Schweinefilet parieren und in 12 Scheiben schneiden. Mit dem Fleischklopfer oder alternativ mit einer Teigrolle plattieren. Die Filetscheiben mit Knoblauch einreiben, mit Frischhaltefolie abdecken und 30–60 Minuten im Kühlschrank ziehen lassen.

Den Mozzarella in 12 Scheiben schneiden. Die Filetscheiben salzen und pfeffern und mit den Mozzarellascheiben belegen. Jeweils 1 Scheibe Prosciutto und 1 Salbeiblatt darauflegen und mit einem Zahnstocher feststecken.

Die Butter in einer großen, schweren Pfanne zerlassen. Die Filetscheiben darin, gegebenenfalls portionsweise, 3–4 Minuten von jeder Seite braten, bis sie gar sind und der Käse geschmolzen ist. Aus der Pfanne heben und warm halten, bis alle Fleischscheiben gebraten sind.

Die Zahnstocher entfernen. Die Filetscheiben auf vorgewärmten Serviertellern anrichten, mit Petersilie und Zitronenscheiben garnieren und sofort mit Mostarda di Verona servieren.

TIPP
*Mostarda di Verona *ist eine süß-saure Senfsauce mit Äpfeln. Sie ist im Feinkosthandel oder in gut sortierten Supermärkten erhältlich.*

4 Personen | Vorbereitung 20 min | Garzeit 12 min

Schweineschnitzel mit Fenchel

In diesem Gericht harmoniert die cremige Gorgonzola-Sauce perfekt mit dem Anisaroma von Fenchel und Sambuca.

ZUTATEN
800 g Schweinefilet
2–3 EL natives Olivenöl extra
2 EL Sambuca
1 große Fenchelknolle, in dünnen Scheiben, Grün aufbewahrt
80 g Gorgonzola, zerkrümelt
2 EL Sahne
1 EL frisch gehackter Salbei
1 EL frisch gehackter Thymian
Salz und Pfeffer

Das Filet parieren und in 1 cm dicke Scheiben schneiden. Die Scheiben zwischen 2 Stücken Frischhaltefolie mit einem Fleischklopfer oder alternativ mit einer Teigrolle plattieren.

2 Esslöffel Öl in einer großen Pfanne erhitzen und die Filetscheiben portionsweise von jeder Seite 2–3 Minuten anbraten. Aus der Pfanne nehmen und warm halten. Eventuell mehr Öl zugeben.

Den Bratensatz mit dem Sambuca ablöschen. Die Hitze reduzieren und unter ständigem Rühren zum Kochen bringen. Den Fenchel zugeben und 10 Minuten bissfest dünsten. Aus der Pfanne nehmen und warm halten.

Die Hitze reduzieren, Gorgonzola und Sahne in die Pfanne geben und glatt rühren. Die Pfanne vom Herd nehmen und Salbei und Thymian einrühren. Mit Salz und Pfeffer abschmecken.

Filetscheiben und Fenchel auf vorgewärmten Serviertellern anrichten und mit der Sauce überziehen. Mit dem Fenchelgrün garnieren und sofort servieren.

4 Personen | Vorbereitung 25 min | Garzeit 1 Stunde

Schweinefilet mit Mandeln

Bei diesem Rezept handelt es sich um die vereinfachte Version eines Fleischgerichts, das typisch für die Küche der italienischen Region Marken ist.

ZUTATEN
500 g Schweinefilet
50 g Mandelblättchen
2 EL Olivenöl
100 g Parmaschinken, fein gehackt
2 Knoblauchzehen, gehackt
1 EL frisch gehackter Oregano
abgeriebene Schale von 2 Zitronen
4 Schalotten, fein gehackt
200 ml Hühnerbrühe (siehe Seite 29)
1 TL Zucker

Das Fleisch in 4 gleich große Stücke schneiden. Die Stücke zwischen 2 Bögen Backpapier legen und mit einem Fleischklopfer oder einer Teigrolle leicht plattieren.

Mit einem scharfen Messer seitlich eine tiefe Tasche in jedes Filetstück schneiden.

Die Mandeln auf ein Backblech geben und unter dem vorgeheizten Backofengrill etwa 2–3 Minuten goldbraun rösten.

Die Mandeln mit 1 Esslöffel Olivenöl, Schinken, Knoblauch, Oregano und der Hälfte der Zitronenschale verrühren. Die Mischung in die Fleischtaschen füllen.

Das restliche Öl in einer großen Pfanne erhitzen und die Schalotten darin 2 Minuten weich dünsten.

Das Fleisch zugeben und von jeder Seite 2 Minuten anbraten.

Mit der Brühe ablöschen und zum Kochen bringen. Die Hitze reduzieren und das Fleisch etwa 45 Minuten schmoren, bis es gar ist. Aus der Pfanne nehmen und warm halten.

Restliche Zitronenschale und Zucker in den Bratensaft rühren und 3–4 Minuten einkochen. Die Sauce über die warmen Filetstücke geben und sofort servieren.

6 Personen | Vorbereitung 25 min | Garzeit 2 Stunden 45 min

Schweinebraten mit Fenchel

Dieser herrlich saftige Braten aus Perugia kann mit grünen Bohnen, einer Peperonata oder kalt mit einem Salat serviert werden.

TIPP
**Fragen Sie Ihren Metzger, ob er Ihnen das Fleisch auslöst und rollt.*

ZUTATEN

1,6 kg Kotelettbraten, ausgelöst und gerollt*
4 Knoblauchzehen, längs in dünnen Scheiben
1½ TL frisch gehacktes Fenchelgrün oder 1 TL getrocknete Fenchelsamen
4 Gewürznelken
Salz und Pfeffer
300 ml trockener Weißwein
300 ml Wasser

Den Backofen auf 150 °C vorheizen. Mit einem scharfen Messer gleichmäßig kleine Schlitze in das Fleisch schneiden und diese etwas weiten. Den Knoblauch in ein kleines Sieb geben und zum Befeuchten unter kaltem Wasser abbrausen. Fenchelgrün oder -samen auf eine Untertasse geben und den Knoblauch darin wenden. Knoblauch und Gewürznelken in die Schlitze stecken. Das Fleisch rundum mit Salz und Pfeffer würzen.

Das Fleisch in einen Bräter legen. Weißwein und Wasser angießen. Im vorgeheizten Ofen 2½–2¾ Stunden braten, dabei gelegentlich übergießen. Das Fleisch sollte zart, aber noch nicht trocken sein.

Wenn der Braten warm serviert werden soll, das Fleisch vor dem Anschneiden einige Minuten mit Alufolie abgedeckt ruhen lassen. Soll er kalt serviert werden, im eigenen Bratensaft vollständig erkalten lassen und dann in Scheiben schneiden.

4 Personen | Vorbereitung 15 min | Garzeit 50 min

Römischer Lammtopf

Zarte Lammfleischstückchen, geschmort in Knoblauch und Rotwein, sind eine echte römische Spezialität.

ZUTATEN

1 EL Öl
1 EL Butter
600 g Lammschmorfleisch (aus Schulter oder Keule), gewürfelt
4 Knoblauchzehen, geschält
1 EL frisch gehackter Thymian
6 Sardellenfilets aus der Dose, abgetropft
150 ml Rotwein
150 ml Gemüsebrühe (siehe Seite 29)
1 TL Zucker
50 g entsteinte schwarze Oliven, halbiert
2 EL frisch gehackte Petersilie, zum Garnieren
Kartoffelpüree, zum Servieren

Öl und Butter in einer großen Pfanne erhitzen. Das Lammfleisch zugeben und 4–5 Minuten unter Rühren rundum kräftig anbraten.

Knoblauch, Thymian und Sardellenfilets in einem Mörser zu einer glatten Paste verarbeiten.

Die Fleischwürfel mit Wein und Brühe ablöschen. Knoblauch-Sardellen-Paste und Zucker unterrühren.

Die Mischung zum Kochen bringen. Dann die Hitze reduzieren und das Fleisch bei geschlossenem Deckel 30–40 Minuten schmoren, bis es zart ist. Während der letzten 10 Minuten den Deckel abnehmen, damit die Sauce etwas einkocht.

Die Oliven unter das Fleisch mischen.

Fleisch und Sauce in eine vorgewärmte Servierschüssel füllen, mit Petersilie garnieren und mit Kartoffelpüree servieren.

4 Personen | Vorbereitung 10 min | Garzeit 35 min

Lammchops mit Lorbeer & Zitrone

Chops, dicke Koteletts aus dem Lammrücken, wirken immer eleganter, wenn man sie vor dem Braten auslöst und mit Küchengarn in eine schöne runde Form bringt.

ZUTATEN
4 Lammchops
1 EL Öl
15 g Butter
150 ml Weißwein
150 ml Gemüsebrühe (siehe Seite 29)
2 Lorbeerblätter
Zesten von 1 Zitrone
Salz und Pfeffer

Mit einem scharfen Messer die Koteletts auslösen oder vom Metzger auslösen lassen. Das Fleisch selbst sollte dabei nicht beschädigt werden. Das Fleisch rollen und mit Küchengarn zusammenbinden.

Öl und Butter in einer großen Pfanne erhitzen, bis die Mischung zu schäumen beginnt. Die Lammchops darin von jeder Seite etwa 2–3 Minuten goldbraun anbraten.

Die Pfanne vom Herd nehmen und das überschüssige Fett abgießen. Die Pfanne wieder auf den Herd stellen. Wein, Brühe, Lorbeerblätter und Zitronenzesten zugeben. Die Chops 20–25 Minuten darin schmoren, dann leicht mit Salz und Pfeffer würzen. Die Sauce abschmecken.

Das Küchengarn entfernen und die Lammchops mit der Sauce auf einer vorgewärmten Platte servieren.

4 Personen | Vorbereitung 15 min | Garzeit 1 Stunde 30 min

Lamm mit Oliven

Dieses einfache Gericht erhält durch die Chili eine gewisse Schärfe. Es ist schnell vorbereitet und ideal für den Mittagstisch.

ZUTATEN
1,2 kg Lammkeule, ausgelöst
80 ml Olivenöl
2 Knoblauchzehen, zerdrückt
1 Zwiebel, in Ringen
1 kleine rote Chili, entkernt und fein gehackt
180 ml trockener Weißwein
220 g entsteinte schwarze Oliven
Salz und Pfeffer
frisch gehackte Petersilie, zum Garnieren

Den Backofen auf 180 °C vorheizen.

Das Fleisch mit einem scharfen Messer in etwa 2,5 cm große Würfel schneiden.

Das Öl in einer Pfanne erhitzen und Knoblauch, Zwiebel und Chili darin 5 Minuten anbraten.

Das Fleisch zugeben und 5 Minuten rundum anbräunen. Dann mit dem Wein ablöschen.

Die Oliven untermischen. Den Pfanneninhalt in einen Bräter füllen und im vorgeheizten Ofen 1 Stunde 20 Minuten schmoren, bis das Fleisch zart ist. Dann mit Salz und Pfeffer abschmecken und mit Petersilie garniert servieren.

4 Personen | Vorbereitung 25 min | Garzeit 2 Stunden

Lammhaxen mit Ofenzwiebeln

Gebratene Lammhaxen werden mit Knoblauch und Rosmarin aromatisiert und mit milden roten Zwiebeln und Karotten serviert. Nun fehlt nur noch eine Flasche fruchtiger Rotwein ...

ZUTATEN

4 Lammhaxen, à 350 g
6 Knoblauchzehen
2 EL natives Olivenöl extra
1 EL sehr fein gehackter frischer Rosmarin
Salz und Pfeffer
4 rote Zwiebeln
350 g Karotten, in Stiften
4 EL Wasser

Den Backofen auf 180 °C vorheizen.

Die Haxen parieren. Mit einem kleinen, scharfen Messer 6 kleine Einschnitte in jede Haxe machen. Die Knoblauchzehen längs in je 4 Scheiben schneiden und in die Einschnitte stecken.

Die Haxen nebeneinander in einen Bräter legen, mit Olivenöl beträufeln, mit Rosmarin bestreuen und mit Pfeffer würzen. Im vorgeheizten Ofen 45 Minuten braten.

Die Zwiebeln einzeln in Alufolie einschlagen. Den Bräter aus dem Ofen nehmen und die Lammhaxen salzen. Die Zwiebeln auf den Rost neben den Bräter legen und im Ofen weitere 1–1¼ Stunden garen. Das Fleisch sollte sehr zart sein.

Inzwischen Wasser in einem großen Topf zum Kochen bringen. Die Karotten zugeben und 1 Minute blanchieren. Abgießen und unter fließend kaltem Wasser abschrecken.

Den Bräter aus dem Ofen nehmen und das Fleisch auf einen vorgewärmten Servierteller legen. Das Fett vom Bratensaft abschöpfen und den Bräter bei mittlerer Hitze auf den Herd stellen. Die Karotten zugeben und 2 Minuten dünsten. Das Wasser zugießen, zum Kochen bringen und 2 Minuten köcheln lassen. Dabei den Bratensatz mit einem Holzlöffel vom Boden des Bräters lösen.

Karotten und Sauce zum Fleisch geben. Die Zwiebeln aus dem Ofen nehmen und auspacken. Eine etwa 1 cm große Kappe von den Spitzen abschneiden und die Zwiebeln zum Fleisch geben. Sofort servieren.

4 Personen | Vorbereitung 35 min | Garzeit 3 Stunden

Geschmorte Lammkeule

Bei diesem Gericht aus den Abruzzen wird das Fleisch sehr langsam gebraten, sodass es alle Aromen aufnimmt und zart wird.

ZUTATEN

1,75 kg Lammkeule
Salz und Pfeffer
3–4 frische Rosmarinzweige
125 g durchwachsener Frühstücksspeck, in Scheiben
4 EL Olivenöl
2–3 Knoblauchzehen, zerdrückt
2 Zwiebeln, in Ringen
2 Karotten, in Scheiben
2 Selleriestangen, in Scheiben
300 ml trockener Weißwein
1 EL Tomatenmark
300 ml Gemüsebrühe (siehe Seite 29)
350 g Tomaten, gehäutet, geviertelt und entkernt
1 EL frisch gehackte Petersilie
1 EL frisch gehackter Oregano oder Majoran
frische Rosmarinzweige, zum Garnieren

Die Lammkeule mit Küchenpapier abwischen und parieren. Mit Salz und Pfeffer einreiben. Die Rosmarinzweige auf die Keule legen, gleichmäßig mit den Speckstreifen bedecken und mit Küchengarn festbinden.

Das Öl in einer großen Pfanne erhitzen und die Keule darin etwa 10 Minuten rundum anbraten. Dann aus der Pfanne nehmen.

Das Öl aus der Pfanne in einen großen Bräter füllen. Knoblauch und Zwiebeln darin 3–4 Minuten glasig dünsten. Karotten und Sellerie zufügen und einige weitere Minuten dünsten.

Die Keule auf das Gemüsebett legen. Mit Wein und Tomatenmark ablöschen und weitere 3–4 Minuten köcheln lassen. Brühe, Tomaten und Kräuter zugeben, mit Salz und Pfeffer würzen, zum Kochen bringen und weitere 3–4 Minuten garen.

Den Deckel aufsetzen und die Keule im vorgeheizten Backofen bei 180 °C 2–2½ Stunden garen, bis das Fleisch sehr zart ist.

Die Lammkeule aus dem Bräter nehmen und Speck und Kräuter zusammen mit dem Küchengarn entfernen. Das Fleisch warm halten. Den Bratensaft durch ein Sieb passieren und das Fett abschöpfen. Die Sauce in eine vorgewärmte Sauciere füllen. Lammkeule und Gemüse auf einer vorgewärmten Servierplatte anrichten. Mit frischen Rosmarinzweigen garnieren und sofort servieren. Die Sauce dazu reichen.

4 Personen | Vorbereitung 20 min + 30 min Kühlzeit | Garzeit 10 min

Saltimbocca alla romana

Ursprünglich aus Brescia stammend, ist dieses Gericht heute eine römische Spezialität, die mit „Spring in den Mund" übersetzt werden kann.

ZUTATEN
4 dünne Kalbsschnitzel
2 EL Zitronensaft
Salz und Pfeffer
1 EL frisch gehackter Salbei
4 Scheiben Prosciutto
50 g Butter
3 EL trockener Weißwein

Die Kalbsschnitzel zwischen 2 Lagen Frischhaltefolie mit einem Fleischklopfer oder einer Teigrolle sehr dünn plattieren. Auf einen Teller legen, mit Zitronensaft beträufeln und 30 Minuten ziehen lassen. Dabei die Schnitzel gelegentlich wenden.

Das Fleisch mit Küchenpapier trocken tupfen, mit Salz und Pfeffer würzen und mit der Hälfte des Salbeis bestreuen. Eine Scheibe Schinken auf jedes Schnitzel legen und mit einem Zahnstocher feststecken.

Die Butter in einer großen, schweren Pfanne zerlassen. Den restlichen Salbei zugeben und bei kleiner Hitze unter Rühren 1 Minute anbraten. Die Schnitzel zugeben und von jeder Seite 3–4 Minuten goldbraun braten. Mit dem Wein ablöschen und weitere 2 Minuten garen.

Die Schnitzel auf einen vorgewärmten Servierteller geben und mit dem Bratensaft übergießen. Die Zahnstocher entfernen und sofort servieren.

TIPP
Servieren Sie zu diesen Schnitzeln frische Zitronenspalten. Der Zitronensaft unterstreicht das feine Aroma des Fleisches.

4 Personen | Vorbereitung 25 min | Garzeit 1 Stunde 35 min

Vitello tonnato

Kalb ist das beliebteste Fleisch Italiens, und es gibt Hunderte verschiedener Rezepte. Zu ihnen gehört auch dieser Klassiker, der am Vortag zubereitet werden sollte.

ZUTATEN

750 g Kalbsbraten aus der Oberschale oder Nuss, ausgelöst
2 Karotten, in dünnen Scheiben
1 Zwiebel, in dünnen Ringen
2 Selleriestangen, in dünnen Scheiben
2 Gewürznelken
2 Lorbeerblätter
1 l trockener Weißwein
Salz und Pfeffer

Sauce

150 g Thunfisch aus der Dose, abgetropft
4 Sardellenfilets, abgetropft und fein gehackt
60 g Kapern, abgespült und fein gehackt
50 g Gewürzgurken, abgetropft und fein gehackt
2 Eigelb
4 EL Zitronensaft
125 ml natives Olivenöl extra

Zum Garnieren

Zitronenscheiben
frisch gehackte glatte Petersilie

Das Fleisch mit Karotten, Zwiebel, Sellerie, Nelken und Lorbeerblättern in eine große, nicht metallische Schüssel geben. Den Wein zugießen und das Fleisch darin wenden. Mit Frischhaltefolie abdecken und über Nacht im Kühlschrank marinieren.

Das Fleisch aus der Marinade nehmen und die Marinade beiseitestellen. Das Fleisch fest in ein Stück Musselin schlagen und zusammenbinden, damit es die Form behält. In einen großen Topf geben. Die Marinade in einen zweiten Topf gießen und zum Kochen bringen. Dann über das Fleisch gießen und mit kochendem Wasser auffüllen, bis das Fleisch bedeckt ist. Mit Salz und Pfeffer würzen und erneut aufkochen. Die Hitze reduzieren und 1½ Stunden köcheln lassen, bis das Fleisch zart ist.

Das Fleisch auf einen Teller heben und auskühlen lassen, dann bis zum Servieren kalt stellen. Den Kochsud durch ein Sieb in eine Schüssel passieren und auskühlen lassen.

Für die Sauce Thunfisch, Sardellen, Kapern und Gurken in einem Mixer oder mit dem Stabmixer glatt pürieren. Eigelb und Zitronensaft in einer Schüssel verrühren. Das Olivenöl erst tropfenweise, dann in einem dünnen Strahl zugießen und weiterrühren. Nun die Thunfischmasse und etwa 2 Esslöffel Kochsud unterrühren. Mit Salz und Pfeffer abschmecken. Mit Frischhaltefolie abdecken und bis zum Servieren kalt stellen.

Vor dem Servieren das Fleisch aus dem Musselin nehmen und mit Küchenpapier trocken tupfen. Mit einem scharfen Messer in 3–5 mm dünne Scheiben schneiden und diese auf einer Servierplatte anrichten. Die Thunfischsauce glatt rühren und über das Fleisch gießen. Mit Zitronenscheiben und Petersilie garnieren und sofort servieren.

4 Personen | Vorbereitung 15 min | Garzeit 1 Stunde 20 min

Ossobuco alla milanese

Dieses herzhafte Schmorgericht aus Mailand wird mit Beinscheiben vom Kalb zubereitet. Wörtlich übersetzt bedeutet ossobuco *„durchlöcherter Knochen", wegen des Hohlknochens in der Beinscheibe.*

ZUTATEN
1 EL natives Olivenöl extra
4 EL Butter
2 Zwiebeln, gehackt
1 Porreestange, gehackt
3 EL Mehl • Salz und Pfeffer
4 dicke Beinscheiben vom Kalb
300 ml Weißwein
300 ml Hühnerbrühe (siehe Seite 29)

Gremolata
2 EL frisch gehackte Petersilie
1 Knoblauchzehe, fein gehackt
abgeriebene Schale von 1 Zitrone

Öl und Butter in einer tiefen, schweren Pfanne erhitzen. Zwiebeln und Porree darin bei kleiner Hitze 5 Minuten unter gelegentlichem Rühren glasig dünsten.

Das Mehl auf einen Teller streuen und mit Salz und Pfeffer würzen. Die Beinscheiben darin wenden und überschüssiges Mehl abklopfen. Das Fleisch in die Pfanne geben und bei starker Hitze von beiden Seiten anbräunen.

Nach und nach mit Wein und Brühe ablöschen und unter ständigem Rühren kurz aufkochen. Die Hitze reduzieren und bei geschlossenem Deckel 1¼ Stunden schmoren, bis das Fleisch gar ist und fast vom Knochen fällt.

Inzwischen für die Gremolata Petersilie, Knoblauch und Zitronenschale in einer Schale mischen.

Das Fleisch auf eine vorgewärmte Servierplatte heben. Den Schmorsaft unter ständigem Rühren einige Minuten einkochen. Die Sauce über das Fleisch gießen und sofort mit der Gremolata servieren.

VARIATION
In modernen Versionen dieses Gerichts kommen häufig noch Tomaten hinzu: Geben Sie 400 g gehackte Tomaten aus der Dose zusammen mit Wein und Brühe in die Pfanne. Nach Belieben können auch 1 fein gehackte Karotte und 1 fein gehackte Selleriestange mit Zwiebeln und Porree zugefügt werden.

4 Personen | Vorbereitung 15 min | Garzeit 35 min

Würstchen mit Bohnen

Bei diesem traditionellen toskanischen Gericht werden italienische Würste mit weißen Bohnen und Tomaten gemischt.

ZUTATEN
8 italienische Würste
1 EL Olivenöl
1 große Zwiebel, gehackt
2 Knoblauchzehen, zerdrückt
1 grüne Paprika, in dünnen Streifen
225 g Tomaten, gehäutet (siehe Seite 111) und gehackt, oder 400 g gehackte Tomaten aus der Dose
2 EL Tomatenpesto
400 g weiße Bohnen aus der Dose, abgetropft
Kartoffelpüree oder Reis, zum Servieren

Die Würste mehrmals mit einer Gabel einstechen und unter dem vorgeheizten Backofengrill 10–12 Minuten rundum goldbraun braten. Warm halten.

Das Öl in einer Pfanne erhitzen. Zwiebel, Knoblauch und Paprika darin 5 Minuten unter gelegentlichem Rühren weich dünsten.

Die Tomaten zu der Paprika in die Pfanne geben und die Sauce unter gelegentlichem Rühren 5 Minuten einkochen.

Tomatenpesto und Bohnen untermischen und 4–5 Minuten erhitzen. Falls die Sauce zu dickflüssig ist, mit 4–5 Esslöffeln Wasser strecken.

Würste und Gemüse in eine Servierschüssel geben und nach Belieben mit Kartoffelpüree oder Reis servieren.

4 Personen | Vorbereitung 15 min | Garzeit 1 Stunde 20 min

Huhn auf toskanische Art

Bei dieser Spezialität wird zartes Hühnchenfleisch in einer fruchtigen Tomatensauce geschmort. Am besten reichen Sie viel frisches, knuspriges Brot oder Pasta dazu.

ZUTATEN
2 EL Mehl
Salz und Pfeffer
4 ganze Hähnchenkeulen
3 EL Olivenöl
1 rote Zwiebel, gehackt
2 Knoblauchzehen, fein gehackt
1 rote Paprika, gehackt
1 Prise Safranfäden
150 ml Hühnerbrühe (siehe Seite 29) oder Hühnerbrühe mit trockenem Weißwein
400 g gehackte Tomaten aus der Dose
4 getrocknete Tomaten in Öl, abgetropft und gehackt
220 g Champignons, in Scheiben
120 g entsteinte schwarze Oliven
4 EL Zitronensaft
frische Basilikumblätter, zum Garnieren

Den Backofen auf 180 °C vorheizen.

Das Mehl auf einen Teller streuen und mit Salz und Pfeffer würzen. Die Hähnchenkeulen sorgfältig darin wenden und überschüssiges Mehl abklopfen. Das Öl in einem Bräter erhitzen. Die Hähnchenkeulen zugeben und bei mittlerer Hitze unter häufigem Wenden 5–7 Minuten rundum goldbraun anbraten. Aus dem Bräter nehmen und warm halten.

Zwiebel, Knoblauch und Paprika in den Bräter geben. Die Hitze reduzieren und das Gemüse unter gelegentlichem Rühren 5 Minuten weich dünsten. Inzwischen den Safran in die Brühe rühren.

Tomaten, getrocknete Tomaten, Pilze und Oliven in den Bräter geben und unter gelegentlichem Rühren 3 Minuten garen. Mit Safranbrühe und Zitronensaft ablöschen. Zum Kochen bringen und die Keulen wieder zugeben.

Den Deckel aufsetzen und im vorgeheizten Ofen 1 Stunde schmoren. Mit Basilikum garnieren und sofort servieren.

4 Personen | Vorbereitung 10 min | Garzeit 1 Stunde 15 min

Hühnchen cacciatore

Das Aroma der sonnengetrockneten Tomaten in diesem winterlichen Schmorgericht ist eine angenehme Erinnerung an vergangene warme Sommertage.

ZUTATEN
1 EL Butter
2 EL Olivenöl
1,8 kg Hühnchenteile
2 rote Zwiebeln, in Ringen
2 Knoblauchzehen, fein gehackt
400 g gehackte Tomaten aus der Dose
2 EL frisch gehackte glatte Petersilie
6 frisch gehackte Basilikumblätter
1 EL Tomatenpesto
150 ml Rotwein
Salz und Pfeffer
220 g Champignons, in Scheiben

Den Backofen auf 160 °C vorheizen.

Die Butter mit dem Olivenöl in einem Bräter zerlassen. Die Hühnchenteile zugeben und unter gelegentlichem Wenden 5–10 Minuten rundum goldbraun anbraten. Das Fleisch mit einem Schaumlöffel herausnehmen und auf einen Teller geben.

Zwiebeln und Knoblauch in den Bräter geben und bei kleiner Hitze unter gelegentlichem Rühren 10 Minuten goldbraun dünsten. Tomaten, Petersilie, Basilikum, Tomatenpesto und Wein zugeben. Mit Salz und Pfeffer würzen und alles zum Kochen bringen. Das Fleisch wieder zugeben und mit der Sauce überziehen.

Bei geschlossenem Deckel im vorgeheizten Ofen 50 Minuten schmoren. Die Champignons zugeben und alles weitere 10 Minuten garen, bis das Fleisch zart ist. Sofort servieren.

4 Personen | Vorbereitung 30 min | Garzeit 45 min

Hähnchen im Schinkenmantel

Die zarten Hähnchenbrustfilets werden mit einer Masse aus Ricotta, Muskat und Spinat gefüllt und in hauchdünne Schinkenscheiben gewickelt.

ZUTATEN
125 g tiefgekühlter Spinat, aufgetaut
125 g Ricotta
1 Prise frisch geriebene Muskatnuss
Salz und Pfeffer
4 Hähnchenbrustfilets (à 175 g)
4 Scheiben Parmaschinken
2 EL Butter
1 EL Olivenöl
12 kleine Zwiebeln oder Schalotten
125 g kleine Champignons, in Scheiben
1 EL Mehl
150 ml trockener Rot- oder Weißwein
300 ml Hühnerbrühe (siehe Seite 29)

Zum Servieren
Karottenpüree
grüne Bohnen

Den Spinat in ein Sieb geben und mithilfe eines Löffels gut ausdrücken. Mit Ricotta und Muskat vermengen und mit Salz und Pfeffer abschmecken.

In die Hähnchenbrustfilets seitlich eine große Tasche einschneiden und mit der Spinatmasse füllen. Die Filets wieder in Form bringen und mit je 1 Scheibe Schinken umwickeln. Mit einem Zahnstocher feststecken. Mit Frischhaltefolie abdecken und 30 Minuten im Kühlschrank ziehen lassen.

Den Backofen auf 200 °C vorheizen.

Die Butter mit dem Öl in einer Pfanne zerlassen. Die Hähnchenbrustfilets darin 2 Minuten von jeder Seite anbraten, dann in eine große, flache Auflaufform legen und warm halten.

Zwiebeln und Pilze in der Pfanne 2–3 Minuten andünsten. Das Mehl einstreuen und leicht anschwitzen. Wein und Brühe unter ständigem Rühren langsam zugießen. Die Sauce unter ständigem Rühren zum Kochen bringen. Mit Salz und Pfeffer abschmecken und über die Hähnchenbrustfilets gießen.

Im vorgeheizten Ofen 20 Minuten garen. Die Filets wenden und weitere 10 Minuten braten. Die Zahnstocher entfernen und die Hähnchenbrustfilets sofort mit Karottenpüree und grünen Bohnen servieren.

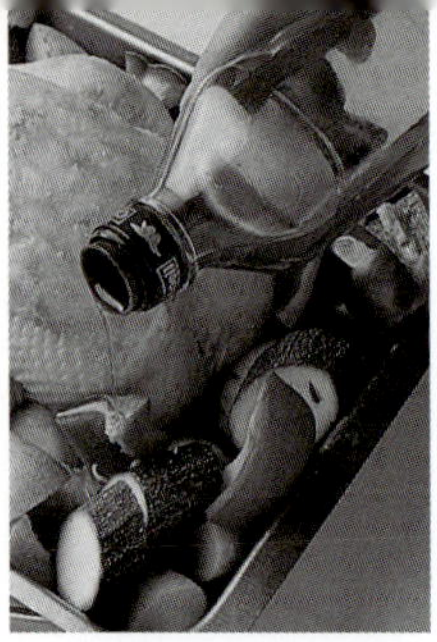

4 Personen | Vorbereitung 35 min | Garzeit 2 Stunden

Italienischer Sonntagsbraten

Hier wird eine Mischung aus Käse, Rosmarin und Tomaten unter die Haut des Geflügels geschoben. Dazu schmecken Kartoffeln und Gemüse.

ZUTATEN
1 Poularde (2,5 kg)
frische Rosmarinzweige
175 g Feta, zerkrümelt
2 EL Tomatenpesto
4 EL weiche Butter
Salz und Pfeffer
1 Knoblauchknolle
1 kg neue Kartoffeln, große Knollen halbiert
je 1 rote, grüne und gelbe Paprika, in Stücken
3 Zucchini, in dünnen Scheiben
2 EL Olivenöl
2 EL Mehl
625 ml Hühnerbrühe (siehe Seite 29)

Die Poularde innen und außen abspülen und abtropfen lassen. Mit einem kleinen, spitzen Messer die Haut auf der Brustoberseite einschneiden. Einen Finger in den Einschnitt schieben und die Haut nach und nach auf der Brust und der Keulenoberseite vorsichtig vom Fleisch lösen.

Die Nadeln von drei Rosmarinzweigen hacken und mit Feta, Tomatenpesto, Butter und Pfeffer mischen und unter die Geflügelhaut schieben. Die Poularde in einen Bräter legen, mit Alufolie bedecken und 2 Stunden im vorgeheizten Ofen bei 190 °C braten.

Die Knoblauchknolle zerteilen und die Zehen ungeschält mit dem Gemüse nach etwa 40 Minuten in den Bräter geben.

Poularde und Gemüse mit Öl beträufeln, ein paar Rosmarinzweige zugeben und mit Salz und Pfeffer würzen. Die Form wieder in den Ofen schieben und weitergaren. 40 Minuten vor Ende der Garzeit die Alufolie entfernen, damit die Poularde schön bräunt.

Die Poularde auf einen Servierteller heben, einen Teil des Gemüses dazulegen und das restliche Gemüse in eine Servierschüssel geben. Dann das Fett vom Bratensaft abgießen oder abschöpfen. Das Mehl einstreuen und den Bratensaft auf dem Herd kurz erhitzen, dann langsam die Hühnerbrühe unterrühren. Die Sauce unter ständigem Rühren etwas einkochen. Durch ein Sieb in eine Sauciere passieren und zu der Poularde reichen.

4 Personen | Vorbereitung 15 min | Garzeit 1 Stunde 30 min

Hühnchen mit grünen Oliven

In Apulien, dem „Stiefelabsatz" Italiens, werden eine Vielzahl von Geflügel- und Wildgerichten mit Oliven, egal ob grün oder schwarz, verfeinert.

ZUTATEN

2 EL Butter
2 EL Olivenöl
4 Hähnchenbrüste, am Knochen
1 große Zwiebel, fein gehackt
2 Knoblauchzehen, gehackt
2 rote, gelbe oder grüne Paprika, in großen Stücken
250 g kleine Champignons, in Scheiben oder geviertelt
175 g Tomaten, gehäutet und halbiert
Salz und Pfeffer
150 ml trockener Weißwein
175 g entsteinte grüne Oliven
4–6 EL Sahne
400 g kurze Pasta
frisch gehackte glatte Petersilie, zum Garnieren

Den Backofen auf 180 °C vorheizen.

Die Butter mit dem Öl in einer Pfanne zerlassen. Die Hähnchenbrüste darin rundum goldbraun anbraten, dann aus der Pfanne nehmen und warm halten.

Zwiebel und Knoblauch in die Pfanne geben und bei mittlerer Hitze 1–2 Minuten weich dünsten. Paprika und Pilze zufügen und weitere 2–3 Minuten dünsten.

Die Tomaten untermischen. Mit Salz und Pfeffer würzen. Das Gemüse samt Sauce in einen Bräter füllen und die Hähnchenbrüste darauflegen.

Den Wein in die Pfanne gießen, einmal aufkochen und über das Fleisch gießen. Den Deckel aufsetzen und im vorgeheizten Ofen etwa 50 Minuten schmoren.

Die Oliven zufügen und die Sahne unterrühren. Den Deckel wieder aufsetzen und weitere 8–10 Minuten schmoren.

Inzwischen die Pasta in einem großen Topf mit Salzwasser al dente kochen. Dann abgießen und abtropfen lassen. Die Pasta in eine vorgewärmte Servierschüssel füllen.

Die Hähnchenbrüste auf den Nudeln anrichten und mit der Gemüsesauce überziehen. Mit Petersilie bestreuen und sofort servieren.

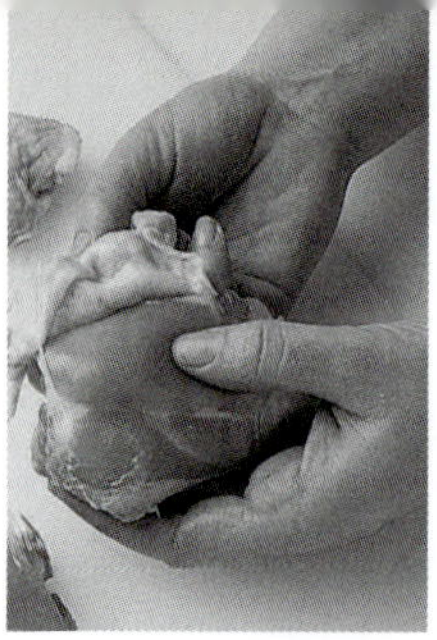

4 Personen | Vorbereitung 15 min | Garzeit 40 min

Hähnchen peperonata

Die leuchtenden Farben von sonnenverwöhntem Gemüse und die Aromen Italiens vereinen sich in diesem einfachen Gericht.

ZUTATEN

8 Hähnchenoberkeulen
2 EL Vollkornmehl
2 EL Olivenöl
1 kleine Zwiebel, in dünnen Spalten
1 Knoblauchzehe, gehackt
je 1 große rote, gelbe und grüne Paprika, in dünnen Streifen
400 g gehackte Tomaten aus der Dose
1 EL frisch gehackter Oregano
Salz und Pfeffer
frischer Oregano, zum Garnieren
Vollkornbrot, zum Servieren

Die Hähnchenkeulen häuten und in Mehl wenden.

Das Öl in einer großen Pfanne erhitzen und die Keulen darin kurz anbräunen, dann aus der Pfanne nehmen und warm halten.

Die Zwiebel in die Pfanne geben und glasig dünsten. Knoblauch, Paprika, Tomaten und Oregano zugeben und unter Rühren zum Kochen bringen.

Die Hähnchenkeulen auf das Gemüse legen. Mit Salz und Pfeffer würzen und abgedeckt 20–25 Minuten schmoren, bis das Fleisch gar ist.

Mit Salz und Pfeffer abschmecken, mit Oregano garnieren und mit Vollkornbrot servieren.

TIPP

Für einen intensiveren Geschmack halbieren Sie die Paprika und rösten Sie sie unter dem Backofengrill, bis die Haut schwarz wird. Lassen Sie das Gemüse etwas abkühlen, dann lässt sich die Haut gut abziehen und das Fruchtfleisch in Streifen schneiden.

4 Personen | Vorbereitung 25 min | Garzeit 20 min

Hähnchenschnitzel mit Schinken & Parmesan

Die Küche Bolognas hat weitaus mehr zu bieten als das weltberühmte Nudelgericht. Nicht umsonst wird die Hauptstadt der Emilia-Romagna auch als La grassa, la dota, la rossa *– die Fette, die Reiche und Verschwenderische – bezeichnet.*

ZUTATEN
4 Hähnchenbrustfilets
2 EL Mehl
Salz und Pfeffer
50 g Butter
8 dünne Scheiben gekochter Schinken
50 g Parmesan, frisch gerieben
frische Basilikumzweige, zum Garnieren

Die Hähnchenbrustfilets waagerecht halbieren. Zwischen 2 Lagen Frischhaltefolie mit einem Fleischklopfer oder einer Teigrolle plattieren. Das Mehl auf einen Teller streuen und mit Salz und Pfeffer würzen. Das Fleisch darin wenden und überschüssiges Mehl abklopfen.

Die Hälfte der Butter in einer großen, schweren Pfanne bei mittlerer Hitze zerlassen. Das Fleisch, eventuell portionsweise, 10–15 Minuten unter häufigem Wenden goldbraun und gar braten.

Inzwischen die restliche Butter in einem kleinen Topf zerlassen. Die Pfanne mit dem Fleisch vom Herd nehmen. Auf jedes Stück 1 Scheibe Schinken legen und mit Käse bestreuen. Die zerlassene Butter darübergießen. Die Pfanne wieder auf den Herd stellen und 3–4 Minuten erhitzen, bis der Käse geschmolzen ist. Mit Basilikum garnieren und sofort servieren.

VARIATION
Ein ähnliches Gericht kennt man auch im Aostatal. Allerdings wird hier die Hähnchenbrust nicht halbiert, sondern eine Tasche hineingeschnitten, die vor dem Braten mit gekochtem oder rohem Schinken und Fontina gefüllt wird.

4 Personen | Vorbereitung 10 min | Garzeit 35 min

Hühnchen in Balsamico

Eine süß-säuerliche karamellisierte Sauce mit Balsamico-Essig und Wein verleiht dem Fleisch eine ganz besondere Note.

ZUTATEN
4 Hähnchenoberkeulen, ausgelöst
2 Knoblauchzehen, zerdrückt
200 ml Rotwein
3 EL Weißweinessig
Salz und Pfeffer
1 EL Öl
1 EL Butter
6 Schalotten
3 EL Balsamico-Essig
2 EL frischer Thymian
Reis oder Polenta, zum Servieren

Die Keulen mit einem scharfen Messer einige Male einritzen. Mit Knoblauch einreiben und in eine nicht metallische Form legen.

Mit Wein und Weißweinessig begießen. Salzen und pfeffern. Die Form abdecken und das Fleisch über Nacht im Kühlschrank marinieren.

Die Keulen aus der Marinade nehmen und gut abtropfen lassen. Die Marinade beiseitestellen.

Öl und Butter in einer Pfanne erhitzen. Die Schalotten darin 2–3 Minuten weich dünsten.

Das Fleisch zugeben und 3–4 Minuten von beiden Seiten goldbraun anbraten.

Die Hitze reduzieren und mit der Hälfte der Marinade ablöschen. Die Keulen bei geschlossenem Deckel 15–20 Minuten schmoren, bis sie gar sind. Falls die Flüssigkeit zu sehr einkocht, weitere Marinade zugießen.

Balsamico und Thymian zugeben und weitere 4 Minuten schmoren.

Die Keulen auf vorgewärmte Servierteller geben, mit etwas Sauce übergießen und mit Reis oder Polenta servieren.

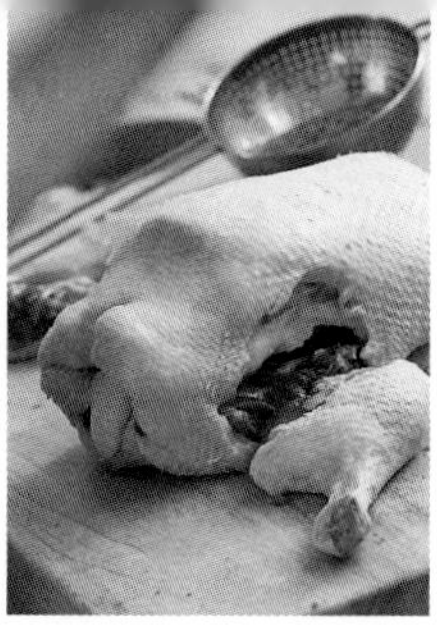

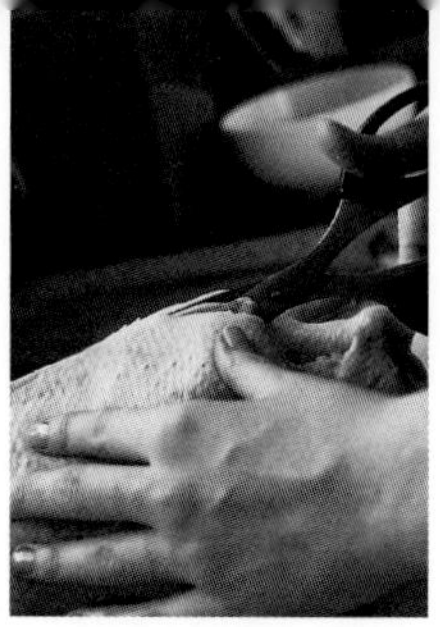

4 Personen | Vorbereitung 30 min | Garzeit 3 Stunden 30 min

Lombardische Ente

Fettgeflügel wie Ente oder Gans wird weltweit in vielen traditionellen Gerichten mit Linsen serviert, und Italien ist da keine Ausnahme. Diese norditalienische Spezialität eignet sich gut für Gäste, da sie sich im Voraus zubereiten lässt und aufgewärmt sowieso besser schmeckt!

ZUTATEN
1 Ente (2,25 kg)
220 g Tellerlinsen, abgespült
1 EL natives Olivenöl extra
2 Zwiebeln
2 Selleriestangen
2 EL Weinbrand oder Grappa
150 ml trockener Weißwein
Salz und Pfeffer
1 TL Speisestärke

Brühe
1 Selleriestange
1 Knoblauchzehe
6 Pfefferkörner, leicht zerstoßen
1 Lorbeerblatt
5 glatte Petersilienzweige
1 Zwiebel
1 Gewürznelke
Salz

Die Ente zerlegen: Flügel und Keulen an den Gelenken abtrennen. Den Hautlappen am Hals zurückziehen und das Schlüsselbein mit einem scharfen Messer herausschneiden. Mit einer Geflügelschere oder einer robusten Küchenschere den Rumpf entlang des Brustbeins aufschneiden. Dann die Ente der Wirbelsäule entlang in 2 Hälften schneiden. Die Wirbelsäule auslösen und die Hälften quer halbieren.

Für die Brühe Entenflügel und Knochen in einen Topf geben. Sellerie, Knoblauch, Pfeffer, Lorbeerblatt und Petersilie zugeben. Die Zwiebel mit der Nelke spicken und mit 1 großen Prise Salz in den Topf geben. Mit kaltem Wasser bedecken und aufkochen. Dabei den Schaum von der Oberfläche abschöpfen. Die Hitze reduzieren und 2 Stunden sanft köcheln lassen. Die Brühe in einen Topf passieren und einkochen.

Die Linsen in einen Topf geben. Mit kaltem Wasser bedecken und das Öl zugeben. Eine Zwiebel halbieren und mit einer Selleriestange in den Topf geben. Bei mittlerer Hitze aufkochen, dann die Hitze reduzieren und 15 Minuten köcheln lassen, bis die Linsen weich zu werden beginnen. Das Wasser abgießen und die Linsen abtropfen lassen.

Inzwischen die Fleischstücke mit der Haut nach unten in eine Pfanne legen und unter gelegentlichem Rütteln der Pfanne 10 Minuten anbraten. Das Fleisch in eine Kasserolle geben und das Fett aus der Pfanne abgießen. Restliche Zwiebel und Sellerie fein hacken und in die Pfanne geben. Bei kleiner Hitze unter gelegentlichem Rühren 5 Minuten weich dünsten. Das Gemüse in die Kasserolle geben.

Die Kasserolle bei mittlerer Hitze auf den Herd stellen. Das Fleisch mit Weinbrand oder Grappa übergießen und anzünden. Wenn die Flammen erloschen sind, Wein und 150 ml Brühe zugießen und zum Kochen bringen. Die Linsen zugeben und mit Salz und Pfeffer würzen. Den Deckel aufsetzen und bei kleiner Hitze 40 Minuten schmoren, bis Fleisch und Linsen gar sind.

Die Speisestärke mit 2 Esslöffeln Brühe anrühren. In die Kasserolle gießen und unter Rühren 5 Minuten köcheln lassen, bis die Sauce eingedickt ist. Abschmecken und sofort servieren.

4 Personen | Vorbereitung 15 min | Garzeit 40 min

Rebhuhn mit Pesto-Kruste

Rebhuhnfleisch hat ein feineres Aroma als das meiste andere Vogelwild. Durch die feine Pesto-Kruste wird es zusätzlich unterstrichen.

ZUTATEN

8 Rebhuhnteile (à 120 g)
50 g Butter, zerlassen
4 EL Dijon-Senf
2 EL Limettensaft
1 EL brauner Zucker
Salz und Pfeffer
6 EL Pesto genovese (siehe Seite 28)
500 g Rigatoni
130 g Parmesan, frisch gerieben

Den Backofen auf 200 °C vorheizen.

Die Rebhuhnteile mit der Hautseite nach unten nebeneinander in eine große Bratform legen. Butter, Senf, Limettensaft und Zucker in einer Schüssel mischen und mit Salz und Pfeffer würzen. Die Hälfte der Mischung auf die Rebhuhnteile streichen und diese im vorgeheizten Ofen 15 Minuten braten.

Die Form aus dem Ofen nehmen und die Rebhuhnteile mit 3 Esslöffeln Pesto bestreichen, dann weitere 12 Minuten im Ofen braten.

Die Form aus dem Ofen nehmen, die Rebhuhnteile vorsichtig wenden, mit der restlichen Senfmischung bestreichen und weitere 10 Minuten im Ofen braten.

Inzwischen die Pasta in einem großen Topf mit Salzwasser al dente kochen. Das Wasser abgießen, die Pasta abtropfen lassen, in eine Servierschüssel geben und mit dem restlichen Pesto und dem Parmesan vermengen.

Die Rebhuhnteile mit dem Bratensaft übergießen und sofort mit der Pasta servieren.

VARIATION
Auf dieselbe Weise lässt sich auch ein junger Fasan zubereiten.

3 Personen | Vorbereitung 10 min | Garzeit 30 min

Omelett mit Meeresfrüchten

Dieses Omelett eignet sich hervorragend für ein schnelles Essen unter der Woche. Für mehrere Personen können Sie die Zutatenmengen entsprechend erhöhen und zwei Bratpfannen verwenden.

ZUTATEN
2 EL Butter
1 EL Olivenöl
1 Zwiebel, sehr fein gehackt
175 g Zucchini, längs halbiert und in Scheiben
1 Selleriestange, sehr fein gehackt
80 g Champignons, in Scheiben
50 g grüne Bohnen, in 5 mm großen Stücken
4 Eier
100 g Mascarpone
1 EL frisch gehackter Thymian
1 EL frisch gehacktes Basilikum
Salz und Pfeffer
200 g Thunfisch aus der Dose, abgetropft und zerteilt
120 g gekochte ausgelöste Garnelen

Butter und Olivenöl in einer großen Pfanne mit hitzebeständigem Griff bei kleiner Hitze zerlassen. (Hat die Pfanne einen Holzgriff, diesen fest mit Alufolie einwickeln.) Die Zwiebel zugeben und unter Rühren 5 Minuten weich dünsten.

Zucchini, Sellerie, Pilze und Bohnen zugeben und weitere 8–10 Minuten unter Rühren dünsten, bis das Gemüse Farbe bekommt.

Die Eier mit Mascarpone, Thymian und Basilikum verquirlen und mit Salz und Pfeffer würzen.

Den Thunfisch in die Pfanne geben und mit einem Holzlöffel unterrühren. Die Garnelen zugeben.

Die Eiermasse zugießen und 5 Minuten braten, bis sie zu stocken beginnt. Die Masse mit dem Holzlöffel von außen nach innen ziehen, damit das noch flüssige Ei nach außen läuft.

Das Omelett unter dem vorgeheizten Backofengrill weitergaren, bis es fest ist und zu bräunen beginnt. Das Omelett in Stücke schneiden und sofort servieren.

4 Personen | Vorbereitung 20 min + 30 min Ruhen | Garzeit 30 min

Fritto misto

Wie viele Gerichte mit Fisch und Meeresfrüchten kommt auch dieses aus dem süditalienischen Kampanien. Es besteht aus ausgebackenen Fischstücken und Meeresfrüchten; die genaue Zusammensetzung ist abhängig vom Tagesfang.

ZUTATEN
Maiskeimöl, zum Ausbacken
200 g weiße Fischfilets ohne Haut, z. B. Seezunge, in Streifen
200 g Seeteufelfilet, in mundgerechten Stücken
4 Jakobsmuscheln, ausgelöst
225 g große gekochte Garnelen, ausgelöst, aber mit Schwanzenden

Teig
100 g Mehl
Salz
1 Eigelb
1 EL Olivenöl
250 ml Milch
2 Eiweiß

Zum Garnieren
frische glatte Petersilienzweige
Zitronenspalten

Für den Teig das Mehl mit 1 Prise Salz in eine Schüssel sieben und eine Vertiefung in die Mitte drücken. Eigelb und Öl hineingeben und mit einem Holzlöffel nach und nach das Mehl einarbeiten. Unter Rühren die Milch langsam zugießen, bis ein glatter Teig entstanden ist. Abdecken und 30 Minuten ruhen lassen.

Öl in einer Fritteuse oder einem schweren Topf auf 190 °C erhitzen, bis ein Brotwürfel in 30 Sekunden braun wird.

Inzwischen das Eiweiß in einer sauberen Schüssel steif schlagen und vorsichtig unter den Teig heben.

Fisch und Meeresfrüchte in den Teig tauchen und portionsweise im heißen Fett 3–4 Minuten goldbraun und knusprig ausbacken. Mit einem Schaumlöffel aus dem Fett nehmen und auf Küchenpapier abtropfen lassen. Auf einen Servierteller geben und warm halten, bis alle Stücke ausgebacken sind. Mit Petersilie und Zitronenspalten garnieren und sofort servieren.

4 Personen | Vorbereitung 25 min | Garzeit 30 min

Brasse mit Fenchel

Alle Brassen – und es gibt sehr viele Arten – schmecken gefüllt oder gegrillt besonders gut. Versuchen Sie, für dieses Rezept eine Dorade zu finden, in Italien als orata *bekannt.*

ZUTATEN

300 g Semmelbrösel
2 EL Milch
1 Fenchelknolle, in dünnen Scheiben (Fenchelgrün für die Garnierung aufbewahren)
1 EL Zitronensaft
2 EL Sambuca*
1 EL frisch gehackter Thymian
1 Lorbeerblatt
1,5 kg küchenfertige Meerbrasse
Salz und Pfeffer
3 EL Olivenöl, plus etwas mehr zum Bestreichen
1 rote Zwiebel, gehackt
300 ml trockener Weißwein

Die Semmelbrösel in eine Schüssel geben, die Milch zufügen und 5 Minuten quellen lassen. Den Fenchel in eine zweite Schüssel geben und Zitronensaft, Sambuca, Thymian und Lorbeerblatt zugeben. Die Semmelbrösel ausdrücken und sorgfältig unter die Mischung rühren.

Den Fisch innen und außen unter fließend kaltem Wasser abspülen und mit Küchenpapier trocken tupfen. Mit Salz und Pfeffer würzen. Den Fisch mit der Fenchelmasse füllen und mit Küchengarn verschließen.

Den Backofen auf 240 °C vorheizen. Eine große Auflaufform mit Olivenöl bestreichen und den Boden mit der Zwiebel bestreuen. Den Fisch in die Form legen und mit Wein begießen (der Fisch sollte zu zwei Dritteln bedeckt sein). Den Fisch mit Olivenöl bestreichen und im vorgeheizten Ofen 25–30 Minuten garen. Dabei den Fisch gelegentlich mit dem Wein übergießen. Wenn er zu schnell bräunt, mit Alufolie abdecken.

Den Fisch vorsichtig auf eine vorgewärmte Servierplatte heben und das Küchengarn entfernen. Mit Fenchelgrün garnieren und sofort servieren.

TIPP

**Sambuca ist ein klarer italienischer Likör mit intensivem Anisaroma, das sehr gut mit Fisch harmoniert. Er kann durch einen anderen Anislikör wie Pastis ersetzt werden.*

4 Personen | Vorbereitung 15 min | Garzeit 35 min

Schwertfisch mit Oliven & Kapern

Die Küstengewässer Siziliens sind reich an Schwertfisch. Traditionell wird er mit mediterranen Zutaten zubereitet. Dieses Rezept stammt aus der wichtigsten Hafenstadt Siziliens: aus Palermo.

ZUTATEN
2 EL Mehl
Salz und Pfeffer
4 Schwertfischsteaks (à 225 g)
100 ml Olivenöl
2 Knoblauchzehen, halbiert
1 Zwiebel, gehackt
4 Sardellenfilets, abgetropft und gehackt
4 Tomaten, gehäutet (siehe Tipp Seite 111), entkernt und gehackt
12 entsteinte grüne Oliven, in Ringen
1 EL Kapern, abgespült
frische Rosmarinzweige, zum Garnieren

Das Mehl auf einen Teller streuen und mit Salz und Pfeffer würzen. Die Fischsteaks gründlich darin wenden und überschüssiges Mehl abklopfen.

Das Öl in einer großen, schweren Pfanne erhitzen. Den Knoblauch darin bei kleiner Hitze 2–3 Minuten andünsten, aber nicht braun werden lassen. Aus der Pfanne nehmen und entsorgen.

Den Fisch zugeben und bei mittlerer Hitze 4 Minuten von jeder Seite gar und goldbraun braten. Die Steaks aus der Pfanne nehmen und beiseitestellen.

Zwiebel und Sardellenfilets in die Pfanne geben und dünsten, bis die Zwiebel goldbraun ist. Dabei die Sardellen mit einem Holzlöffel zerdrücken. Die Tomaten untermischen und die Sauce bei kleiner Hitze unter gelegentlichem Rühren 20 Minuten einkochen.

Oliven und Kapern unterrühren und mit Salz und Pfeffer abschmecken. Die Steaks wieder in die Pfanne geben und sanft erhitzen. Mit Rosmarin garniert sofort servieren.

4 Personen | Vorbereitung 1 Stunde 15 min | Garzeit 1 Stunde 30 min

Seezunge in Marsala

Diese Seezunge in einer sahnig-cremigen Weinsauce ist ein überaus exquisites Gericht. Kleiner Tipp: Bereiten Sie den Fond bereits am Vorabend zu.

ZUTATEN
1 EL Olivenöl
1 EL Butter
4 Schalotten, fein gehackt
100 g kleine Champignons, halbiert
1 EL weiße Pfefferkörner, zerstoßen
8 Seezungenfilets
80 ml Marsala
150 g Crème fraîche

Fond
625 ml Wasser
Seezungen-Karkassen*
1 Zwiebel, halbiert
1 Karotte, halbiert
3 frische Lorbeerblätter

Für den Fond Wasser, Karkassen, Zwiebel, Karotte und Lorbeerblätter in einen großen Topf geben und zum Kochen bringen. Die Hitze reduzieren und etwa 1 Stunde kochen, um die Flüssigkeit auf 150 ml zu reduzieren. Den Fond durch ein Haarsieb passieren und auskühlen lassen.

Für die Sauce Öl und Butter in einer Pfanne erhitzen. Die Schalotten darin unter Rühren 2–3 Minuten weich dünsten. Die Champignons zugeben und unter Rühren 2–3 Minuten mitdünsten.

Die Pfefferkörner zugeben, dann die Fischfilets darin portionsweise 3–4 Minuten von jeder Seite goldbraun braten. Den Fisch aus der Pfanne nehmen und warm halten. Den Bratensatz in der Pfanne mit Marsala und Fond ablöschen und 3 Minuten sanft einkochen. Die Hitze erhöhen und die Sauce etwa 5 Minuten einkochen. Die Crème fraîche unterrühren. Die Fischfilets mit der Sauce überziehen und sofort mit gedünstetem Gemüse servieren.

TIPP
**Fragen Sie Ihren Fischhändler, ob er die Seezunge für Sie küchenfertig vorbereitet und Ihnen die Karkassen, also Kopf, Haut und Gräten, separat einpackt.*

4 Personen | Vorbereitung 15 min | Garzeit 40 min

Kabeljau auf italienische Art

Dieses Gericht überzeugt vor allem durch die kräuterfrische Knusperhaube, die den Fisch herrlich aromatisiert und zugleich schön saftig hält.

ZUTATEN
2 EL Butter
70 g frische Vollkornsemmelbrösel
1 geh. EL gehackte Walnüsse
abgeriebene Schale und Saft von 2 Zitronen
Nadeln von 2 frischen Rosmarinzweigen
2 EL frisch gehackte Petersilie
4 Kabeljaufilets (à 150 g)
1 Knoblauchzehe, zerdrückt
1 kleine, frische rote Chili, gewürfelt
3 EL Walnussöl
gemischter grüner Salat, zum Servieren

Den Backofen auf 200 °C vorheizen. Die Butter in einem Topf bei kleiner Hitze unter ständigem Rühren zerlassen. Den Topf vom Herd nehmen und Semmelbrösel, Nüsse, Zitronensaft und -schale von 1 Zitrone sowie die Hälfte der Kräuter gut untermengen.

Die Masse auf den Filets verteilen und leicht andrücken. Dann in eine flache, mit Alufolie ausgekleidete Auflaufform setzen. Im vorgeheizten Ofen 25–30 Minuten backen, bis die Kruste knusprig und goldbraun ist.

Knoblauch, restliche Zitronenschale und -saft, Kräuter sowie Chili in einer Schale mischen. Das Öl unterrühren. Das Dressing sofort nach dem Backen über den Fisch träufeln. Den Kabeljau auf vorgewärmten Tellern mit einem grünen Salat servieren.

VARIATION
Nach Belieben kann die Krustenmasse auch ohne Walnüsse zubereitet werden. Statt des Walnussöls kann natives Olivenöl extra verwendet werden.

4 Personen | Vorbereitung 15 min + 30 min Marinieren | Garzeit 15 min

Thunfisch sizilianisch

Dieses schnelle, pikante Gericht können Sie auf dem Herd oder auf dem Holzkohlegrill zubereiten. Servieren Sie dazu einen knackigen Salat.

ZUTATEN

4 Thunfischsteaks (à 150 g)
2 Fenchelknollen, in dicke Scheiben
2 rote Zwiebeln, in dünnen Ringen
2 EL natives Olivenöl extra
knusprige Brötchen, zum Servieren

Marinade

125 ml natives Olivenöl extra
4 Knoblauchzehen, fein gehackt
4 frische rote Chillies, entkernt und fein gehackt
Saft und fein abgeriebene Schale von 2 Zitronen
4 EL frisch gehackte glatte Petersilie
Salz und Pfeffer

Für die Marinade alle Zutaten in einer Schüssel gründlich verrühren. Die Thunfischsteaks in eine große, flache Form legen, 4 Esslöffel Marinade dazugeben und die Steaks darin wenden. Abdecken und 30 Minuten marinieren. Die restliche Marinade beiseitestellen.

Eine Grillpfanne erhitzen. Fenchel und Zwiebeln in einer Schüssel mit dem Öl übergießen und darin wenden. Das Gemüse von jeder Seite 5 Minuten braten. Auf vorgewärmte Servierteller verteilen, mit der restlichen Marinade beträufeln und warm halten.

Die Thunfischsteaks in die Pfanne geben und 4–5 Minuten braten, dabei einmal wenden. Die Steaks auf die Teller geben und sofort mit knusprigem Brot servieren.

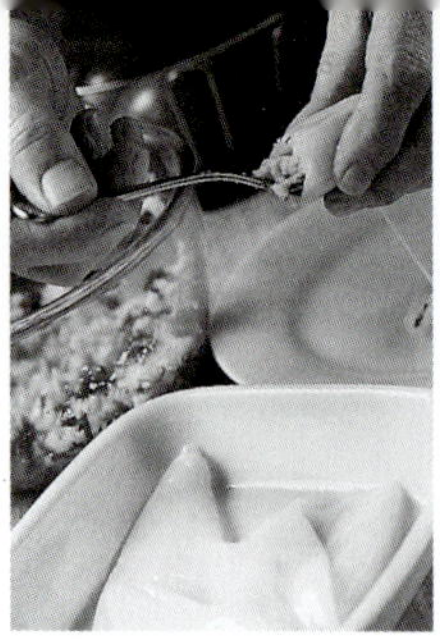

4 Personen | Vorbereitung 20 min | Garzeit 45 min

Gefüllter Kalmar

Es ist nicht ganz einfach, Tintenfisch selbst zu kochen. Damit er nicht zäh wird, muss er entweder sehr schnell oder – wie die Italiener es machen – sehr langsam gegart werden.

ZUTATEN

8 getrocknete Tomaten
8 kleine, küchenfertige Kalmare (à 13 cm Länge)
120 g frische Semmelbrösel
2 EL Kapern, abgespült und fein gehackt
2 EL frisch gehackte glatte Petersilie
Salz und Pfeffer
1 Eiweiß
Olivenöl, zum Bestreichen und Beträufeln
3 EL trockener Weißwein
Zitronensaft, zum Beträufeln (nach Belieben)

Die Tomaten in eine Schüssel geben, mit kochendem Wasser bedecken und etwa 15–20 Minuten einweichen.

Inzwischen die Tentakel von den Kalmarmänteln abtrennen und fein hacken. In eine Schüssel geben und mit Semmelbröseln, Kapern und Petersilie gründlich vermengen.

Die Tomaten abgießen und mit Küchenpapier trocken tupfen. Fein hacken und ebenfalls unter die Semmelbröselmasse mischen. Mit Salz und Pfeffer würzen. Das Eiweiß einarbeiten.

Den Backofen auf 160 °C vorheizen. Die Kalmarmäntel mit der Masse füllen (nur zu drei Vierteln, damit die Füllung während des Garens nicht herausquillt). Die Füllung gut andrücken und die Kalmarmäntel mit einem Zahnstocher verschließen.

Eine große Auflaufform großzügig mit Öl bestreichen. Die gefüllten Kalmare in die Form legen und mit Wein übergießen. Mit Alufolie abdecken und 45 Minuten im vorgeheizten Ofen garen, dabei gelegentlich wenden und übergießen. Mit einer Gabel testen, ob der Kalmar gar und zart ist.

Die Form aus dem Ofen nehmen und die Kalmare auf Zimmertemperatur abkühlen lassen. Vor dem Servieren die Zahnstocher entfernen und die Kalmarmäntel in Scheiben schneiden. Auf vorgewärmten Serviertellern anrichten und mit Olivenöl und Bratensaft oder Zitronensaft beträufelt servieren.

4 Personen | Vorbereitung 15 min | Garzeit 20 min

Gemüse-Frittata

Eine Frittata ist eine Art Omelett und kann warm oder kalt gegessen werden. Der Eiermasse kann fast jede Art von Gemüse zugegeben werden.

ZUTATEN

3 EL Olivenöl
1 Zwiebel, gehackt
2 Knoblauchzehen, gehackt
225 g Zucchini, in dünnen Scheiben
4 Eier
Salz und Pfeffer
400 g rote Bohnen aus der Dose, abgespült und abgetropft
3 Tomaten, gehäutet (siehe Tipp Seite 111) und gehackt
2 EL frisch gehackte Petersilie
1 EL frisch gehacktes Basilikum
60 g Emmentaler, gerieben

2 Esslöffel Öl in einer Pfanne erhitzen. Zwiebel und Knoblauch darin unter gelegentlichem Rühren 2–3 Minuten glasig dünsten. Die Zucchini zufügen und 3–4 Minuten mitdünsten, bis sie weich ist.

Die Eier in einer Schüssel verquirlen und mit Salz und Pfeffer würzen. Mit dem gedünsteten Gemüse, Bohnen, Tomaten und Kräutern mischen.

Das restliche Öl in einer tiefen Pfanne (24 cm Durchmesser) erhitzen und die Eiermasse darin 5 Minuten sanft braten, bis die Unterseite gestockt und leicht gebräunt ist.

Mit dem Käse bestreuen. Die Frittata unter dem vorgeheizten Backofengrill 3–4 Minuten fertig garen. Sie sollte außen fest, in der Mitte aber noch etwas weich sein. In Stücke schneiden und warm oder kalt servieren.

4 Personen | Vorbereitung 25 min | Garzeit 50 min

Spinat-Ricotta-Pastete

Diese Blätterteigpastete sieht einfach klasse aus und ist zudem noch einfach zuzubereiten. Sie schmeckt warm oder kalt.

ZUTATEN
225 g Spinat
2 EL Pinienkerne
100 g Ricotta
2 Eier (Größe L), verquirlt
50 g gemahlene Mandeln
50 g Parmesan, frisch gerieben
250 g Blätterteig, Tiefkühlware aufgetaut
1 kleines Ei, verquirlt

Den Spinat in einem Topf kurz dünsten, bis die Blätter zusammenfallen. Abtropfen und etwas abkühlen lassen. Den Spinat so gut wie möglich ausdrücken.

Die Pinienkerne in einer beschichteten Pfanne unter ständigem Rühren trocken rösten, bis sie goldbraun sind.

Ricotta, Spinat und Eier in einer Schüssel verrühren. Erst die Pinienkerne, dann Mandeln und Parmesan untermischen.

Den Blätterteig zu 2 Quadraten mit 20 cm Seitenlänge ausrollen. Die Ränder gerade schneiden; die Teigreste aufbewahren.

Ein Teigquadrat auf ein mit Backpapier ausgekleidetes Backblech legen und die Spinatmischung darauf verteilen. Dabei einen 1 cm breiten Rand lassen. Den Rand mit dem Ei bestreichen.

Mit dem zweiten Teigquadrat bedecken und die Ränder aufeinanderdrücken. Aus den Teigresten kleine Blätter formen, mit Ei bestreichen und den Teigdeckel damit dekorieren.

Die Pastete mit Ei bestreichen und im vorgeheizten Backofen bei 220 °C 10 Minuten backen. Die Temperatur auf 190 °C reduzieren und die Pastete weitere 25–30 Minuten goldbraun backen. Warm oder kalt servieren.

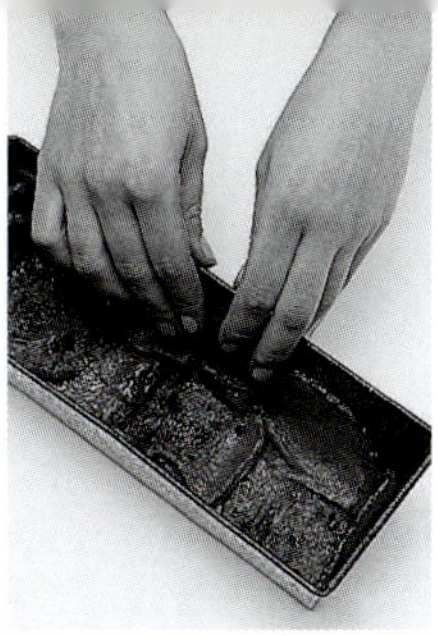

8 Personen | Vorbereitung 30 min | Garzeit 30 min

Paprikaterrine

Italienisches Brot und ein kleiner grüner Salat passen vorzüglich zu dieser sommerlichen Terrine und machen daraus ein kleines, leichtes Mittagessen.

ZUTATEN
90 ml Olivenöl, plus etwas mehr zum Einfetten
375 g dicke Bohnen, Tiefkühlware aufgetaut
6 rote Paprika, halbiert und entkernt
3 kleine Zucchini, längs in Scheiben geschnitten
1 Aubergine, längs in Scheiben geschnitten
3 Porreestangen, längs halbiert
Salz und Pfeffer
90 ml Sahne
2 EL frisch gehacktes Basilikum

Eine Kastenform (1,5 l) mit Öl bestreichen. Die Bohnen in kochendem Wasser 1–2 Minuten blanchieren. Nach Belieben aus der Haut drücken. (Die Bohnen schmecken so milder und süßer.)

Die Paprika mit der Schnittseite nach unten auf ein Backblech legen und unter dem vorgeheizten Backofengrill 10–12 Minuten rösten, bis die Haut schwarz wird. Dann die Paprika in einen Gefrierbeutel geben, verschließen und abkühlen lassen.

Zucchini, Aubergine und Porree mit 5 Esslöffeln Olivenöl bestreichen, mit Salz und Pfeffer würzen und etwa 8–10 Minuten unter einmaligem Wenden grillen.

Inzwischen die Bohnen mit 1 Esslöffel Olivenöl und Sahne im Mixer glatt pürieren. Salzen und pfeffern. Alternativ fein hacken und durch ein Haarsieb streichen.

Die Paprika aus dem Beutel nehmen und die Haut abziehen. Boden und Ränder der Kastenform mit Paprika auskleiden.

Ein Drittel des Bohnenpürees darauf verstreichen. Mit Auberginenscheiben belegen und ein weiteres Drittel des Bohnenpürees daraufgeben.

Mit Basilikum bestreuen. Dann Zucchinischeiben und restliches Bohnenpüree daraufgeben. Mit dem Porree belegen und mit den restlichen Paprikahälften bedecken. Die Terrine mit viermal gefalteter Alufolie bedecken und mit Gewichten (Konservendosen) beschweren.

Bis zum Servieren in den Kühlschrank stellen. Auf eine Servierplatte stürzen, in Scheiben schneiden und mit italienischem Brot und grünem Salat servieren.

4 Personen | Vorbereitung 40 min | Garzeit 1 Stunde 5 min

Auberginen-Mozzarella-Auflauf

Dieses Gericht kann mit einem kleinen Salat als vegetarisches Hauptgericht serviert werden. Es passt aber auch hervorragend als Beilage zu gekochtem Fleisch.

ZUTATEN
3 Auberginen, in dünnen Scheiben
Salz
Olivenöl, zum Bestreichen
300 g Mozzarella, in Scheiben
100 g Parmesan, frisch gerieben
3 EL Semmelbrösel
1 EL Butter
frische glatte Petersilie, zum Garnieren

Sauce
2 EL natives Olivenöl extra
4 Schalotten, fein gehackt
2 Knoblauchzehen, fein gehackt
400 g gehackte Tomaten aus der Dose
1 TL Zucker
Salz und Pfeffer
8 frische Basilikumblätter, gehackt

Um ihnen die Bitterstoffe zu entziehen, die Auberginenscheiben in Schichten in ein Sieb legen, jeweils mit Salz bestreuen und 30 Minuten ziehen lassen. Die Auberginen unter fließend kaltem Wasser gründlich abspülen und mit Küchenpapier trocken tupfen.

Den Backofen auf 200 °C vorheizen. Die Auberginenscheiben nebeneinander auf 1–2 Backbleche legen. Mit Olivenöl bestreichen und 15–20 Minuten im Ofen weich garen.

Inzwischen für die Sauce das Öl in einem Topf erhitzen. Die Schalotten darin unter gelegentlichem Rühren 5 Minuten weich dünsten. Den Knoblauch zugeben und 1 weitere Minute dünsten. Die Tomaten zufügen und mit einem Kochlöffel zerkleinern. Mit Zucker, Salz und Pfeffer würzen und zum Kochen bringen. Die Hitze reduzieren und die Sauce etwa 10 Minuten einkochen. Das Basilikum unterrühren.

Eine Auflaufform mit Olivenöl bestreichen und die Hälfte der Auberginenscheiben hineinlegen. Jeweils die Hälfte des Mozzarellas, der Tomatensauce und des Parmesans darauf verteilen. Den restlichen Parmesan mit den Semmelbröseln vermengen. Eine zweite Schicht Auberginen, Mozzarella und Tomatensauce hineingeben und mit der Parmesanmischung bestreuen.

Die Butter in Flöckchen darauf verteilen. Im vorgeheizten Ofen etwa 25 Minuten goldbraun backen. Aus dem Ofen nehmen und 5 Minuten ruhen lassen. Mit Petersilie garniert servieren.

Viertes Kapitel

PANE & PIZZE
Brot & Pizza

Italien ist bekannt für seine schmackhaften Brotsorten, die häufig mit so aromatischen Zutaten wie Olivenöl, getrockneten Tomaten, gegrillter Paprika, Oliven und Kräutern verfeinert werden. Brot gehört in Italien zu den Grundnahrungsmitteln und wird zu jedem Essen gereicht.

In aller Welt berühmt und geschätzt ist die italienische Pizza. Freuen Sie sich auf abwechslungsreiche Rezepte, die sogar die Pizza Ihres Lieblingsitalieners in den Schatten stellen.

12 Personen | Vorbereitung 2 Stunden 25 min | Backzeit 35 min

Focaccia mit schwarzen Oliven

Focaccia ist ein italienisches Fladenbrot, das oft mit Oliven verfeinert wird. Es schmeckt ausgezeichnet zu Suppen oder Salaten, doch auch als Snack für zwischendurch eignet es sich wunderbar.

ZUTATEN

500 g Weizenmehl Type 550, plus etwas mehr zum Bestäuben
1 TL Salz
1 Päckchen Trockenbackhefe
300 ml lauwarmes Wasser
90 ml natives Olivenöl extra, plus etwas mehr zum Bestreichen
100 g entsteinte schwarze Oliven, grob gehackt
1 TL grobes Meersalz

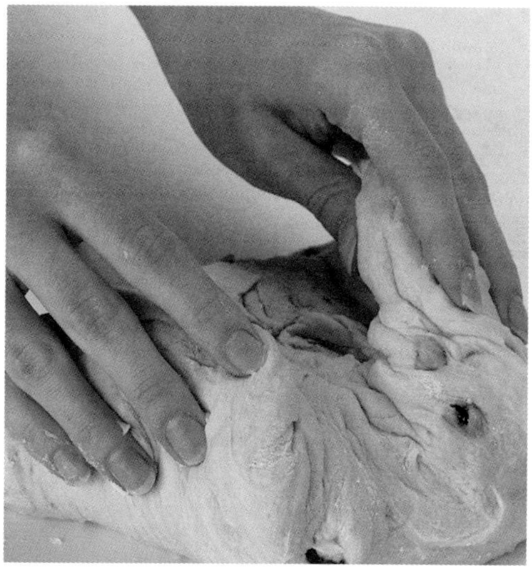

Mehl und Salz in eine angewärmte Schüssel sieben, dann die Hefe untermischen. Wasser und 2 Esslöffel Olivenöl zugießen und mit den Trockenzutaten zu einem glatten Teig kneten. Auf einer leicht bemehlten Arbeitsfläche von Hand 5–10 Minuten kneten, bis der Teig weich und elastisch ist. In eine eingeölte Schüssel geben, mit Frischhaltefolie abdecken und 1 Stunde an einem warmen Ort gehen lassen, bis sich das Teigvolumen verdoppelt hat.

2 Backbleche mit Öl einfetten. Den Teig nochmals auf einer leicht bemehlten Arbeitsfläche 1 Minute durchkneten und die Oliven einarbeiten. Den Teig halbieren und zu 2 ovalen Fladen (28 cm x 23 cm) ausziehen. Auf die vorbereiteten Backbleche legen. Mit eingeölter Frischhaltefolie abdecken und nochmals 1 Stunde an einem warmen Ort gehen lassen.

Den Backofen auf 200 °C vorheizen. Die Teigfladen gleichmäßig mit den Fingern eindrücken, mit je 2 Esslöffeln Olivenöl beträufeln und mit Meersalz bestreuen. Im vorgeheizten Ofen 30–35 Minuten goldbraun backen. Mit dem restlichen Öl beträufeln und mit einem Küchentuch abdecken, damit die Kruste weich wird. Die Fladen in Stücke schneiden und warm servieren.

TIPP

Verwenden Sie für dieses Rezept hochwertiges und aromatisches Olivenöl, da es die wichtigste Zutat in diesem schmackhaften Brot ist.

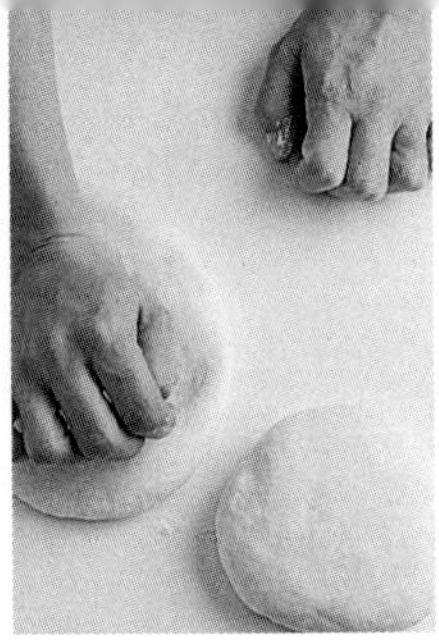

4 Personen | Vorbereitung 1 Stunde | Backzeit 30 min

Käsefladen mit Olivenöl

Dieses mit Käse gefüllte Fladenbrot ähnelt der italienischen Focaccia. Es passt gut zu Antipasti, ist aber auch für sich allein ein Hochgenuss.

ZUTATEN
1 Päckchen Trockenbackhefe
1 TL Zucker
250 ml lauwarmes Wasser
350 g Weizenmehl Type 550
1 TL Salz
3 EL Olivenöl
200 g Pecorino, gewürfelt
½ EL Kümmelsamen, leicht zerdrückt

TIPP
Pecorino ist ein sehr salziger Hartkäse aus Schafsmilch, der in gut sortierten Supermärkten erhältlich ist. Alternativ können Sie auch Parmesan verwenden.

Hefe und Zucker mit 100 ml Wasser verrühren und etwa 15 Minuten quellen lassen, bis die Hefe zu schäumen beginnt.

Mehl und Salz in einer Schüssel mischen. Hefeansatz, 1 Esslöffel Öl und das restliche Wasser zugießen und mit den Trockenzutaten zu einem glatten Teig verarbeiten. Auf einer bemehlten Arbeitsfläche 4 Minuten kneten.

Den Teig in 2 gleich große Stücke teilen und jedes Stück zu einem 5 mm dicken Kreis ausrollen.

Einen Teigkreis auf ein eingefettetes Backblech legen. Pecorino und die Hälfte der Kümmelsamen darauf verteilen. Den zweiten Teigkreis darauflegen und die Teigränder fest zusammendrücken, sodass der Käse während des Backens nicht herauslaufen kann.

Den Teigfladen mit einem scharfen Messer mehrmals einritzen. Mit dem restlichen Öl bestreichen und mit den restlichen Kümmelsamen bestreuen. Mit einem sauberen Tuch abdecken und 20–30 Minuten an einem warmen Ort gehen lassen.

Das Brot im vorgeheizten Backofen bei 200 °C 30 Minuten goldbraun backen. Warm servieren.

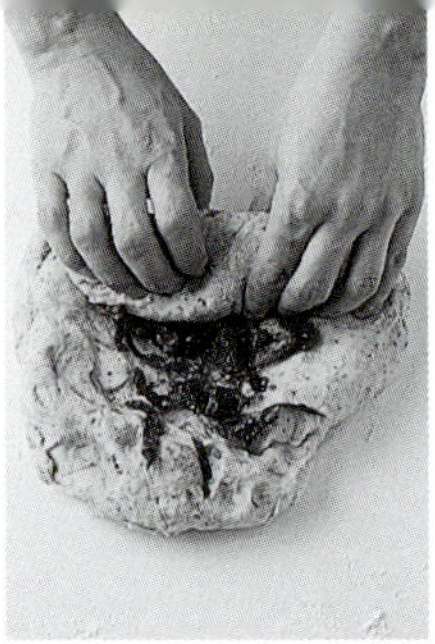

4 Personen | Vorbereitung 1 Stunde | Backzeit 35 min

Tomatenbrot

Dieses köstliche Tomatenbrot eignet sich gut als Beilage zu einer Suppe oder einem Käseteller, ist aber auch eine perfekte Grundlage für ein leckeres Sandwich.

ZUTATEN

1 Päckchen Trockenbackhefe
1 TL Zucker
300 ml lauwarmes Wasser
500 g Weizenmehl Type 550, plus etwas mehr zum Bestäuben
1 TL Salz
2 TL getrocknetes Basilikum
2 EL Tomatenpesto oder Tomatenmark
Öl, zum Einfetten
12 getrocknete Tomaten in Öl, in Streifen

Hefe und Zucker in eine Schale geben und mit 100 ml Wasser glatt rühren. 15 Minuten quellen lassen, bis die Hefe zu schäumen beginnt.

Mehl und Salz in einer Schüssel mischen und eine Vertiefung in die Mitte drücken. Basilikum, Hefeansatz, Tomatenpesto und 100 ml Wasser zugeben. Nach und nach das Mehl einarbeiten und mit dem restlichen Wasser zu einem Teig kneten.

Den Teig auf einer leicht bemehlten Arbeitsfläche etwa 5 Minuten glatt kneten. Wieder in die Schüssel geben, mit eingefetteter Frischhaltefolie abdecken und 30 Minuten gehen lassen, bis sich das Teigvolumen verdoppelt hat.

Eine Kastenform leicht mit Öl einfetten.

Die Tomaten in den Teig einarbeiten und erneut 2–3 Minuten durchkneten.

Den Teig in die Form geben und abgedeckt weitere 30–40 Minuten gehen lassen, bis sich das Teigvolumen nochmals verdoppelt hat. Im vorgeheizten Backofen bei 190 °C 30–35 Minuten goldbraun backen.

TIPP

Sie können den Teig nach dem ersten Gehen auch in 8 oder 12 gleich große Portionen teilen und zu Brötchen formen. Die Backzeit reduziert sich in diesem Fall auf 20 Minuten.

4 Personen | Vorbereitung 2 Stunden 30 min | Backzeit 40 min

Brotzopf mit Kartoffeln & Käse

Dieses herrlich nach Käse, Knoblauch und Rosmarin duftende Brot schmeckt am besten frisch aus dem Ofen. Das Rezept reicht für ein 500-g-Brot.

ZUTATEN

1 EL Pflanzenöl, plus etwas mehr zum Einfetten
750 g Weizenmehl Type 550, plus etwas mehr zum Bestäuben
75 g mehlig kochende Kartoffeln, klein gewürfelt
2 Päckchen Trockenbackhefe
1 EL Salz
500 ml Gemüsebrühe (siehe Seite 29)
2 Knoblauchzehen, zerdrückt
2 EL frisch gehackter Rosmarin
125 g Emmentaler, gerieben

Ein Backblech leicht einfetten und mit Mehl bestäuben.

Die Kartoffeln in einem Topf mit Salzwasser 10 Minuten gar kochen. Das Wasser abgießen und die Kartoffeln zerstampfen. Den Kartoffelbrei in eine große Schüssel füllen und mit Hefe, Mehl, Salz und Brühe zu einem glatten Teig kneten.

Knoblauch, Rosmarin und 75 g Käse zufügen und den Teig weitere 5 Minuten kneten. Eine Mulde in den Teig drücken, das Öl hineingießen und in den Teig einarbeiten.

Den Teig abdecken und an einem warmen Ort 1½ Stunden gehen lassen, bis sich das Teigvolumen verdoppelt hat.

Den Teig nochmals kurz durchkneten und in 3 gleich große Stücke teilen. Jedes Stück zu einem 35 cm langen Strang formen. Die Teigstränge an einem Ende zusammendrücken und zu einem Zopf flechten. Die unteren Enden ebenfalls gut zusammendrücken und nach unten einschlagen. Den Zopf auf das Backblech legen und abgedeckt weitere 30 Minuten gehen lassen.

Den Backofen auf 190 °C vorheizen. Den Zopf mit dem restlichen Käse bestreuen und im vorgeheizten Ofen 40 Minuten goldbraun backen; der Zopf sollte hohl klingen, wenn man daraufklopft. Warm servieren.

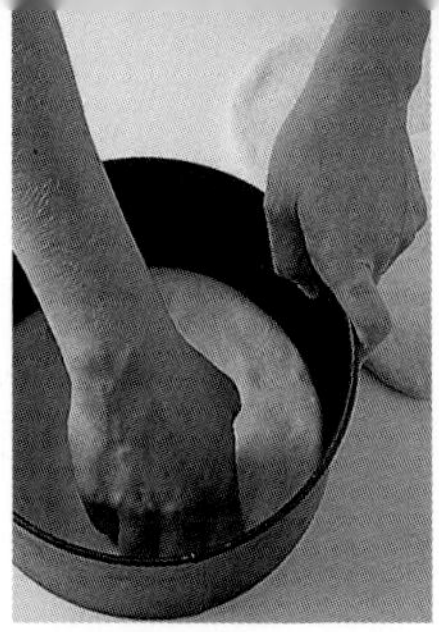

4 Personen | Vorbereitung 1 Stunde 45 min | Backzeit 45 min

Paprikabrot

Geröstete Paprika hat einen ausgeprägten süßlichen Geschmack, der dieses Brot besonders aromatisch macht.

ZUTATEN
1 EL Olivenöl, plus etwas mehr zum Einfetten
2 frische Rosmarinzweige
1 rote Paprika, halbiert
1 gelbe Paprika, halbiert
1 Päckchen Trockenbackhefe
1 TL Zucker
300 ml lauwarmes Wasser
500 g Weizenmehl Type 550
1 TL Salz

Eine tiefe Backform (26 cm Durchmesser) leicht einfetten.

Rosmarin und Paprika (mit der Schnittseite nach unten) in eine flache Auflaufform legen, mit Öl beträufeln und im vorgeheizten Backofen bei 200 °C etwa 20 Minuten rösten. Dann abkühlen lassen, die Paprika häuten und in Streifen schneiden.

Hefe und Zucker in eine Schale geben, mit 100 ml Wasser glatt rühren und 15 Minuten quellen lassen, bis die Hefe zu schäumen beginnt.

Mehl und Salz in eine Schüssel sieben. Hefeansatz und restliches Wasser zugießen und mit den Trockenzutaten zu einem glatten Teig verarbeiten.

Den Teig 5 Minuten kneten, dann mit eingefetteter Frischhaltefolie abdecken und 30 Minuten an einem warmen Ort gehen lassen, bis sich das Teigvolumen verdoppelt hat.

Den Teig in 3 Portionen teilen und zu etwa 30 cm großen Kreisen ausrollen.

Einen Teigkreis in die Form legen (es sollte sich ein etwa 2 cm hoher Rand bilden) und mit der Hälfte der Paprika belegen. Den zweiten Teigkreis darauflegen und mit den restlichen Paprikastreifen bedecken. Den letzten Teigkreis als Deckel darauflegen und den Rand nach unten drücken.

Mit eingefetteter Frischhaltefolie abdecken und erneut 30–40 Minuten gehen lassen. Im vorgeheizten Backofen bei 190 °C 45 Minuten goldbraun backen.

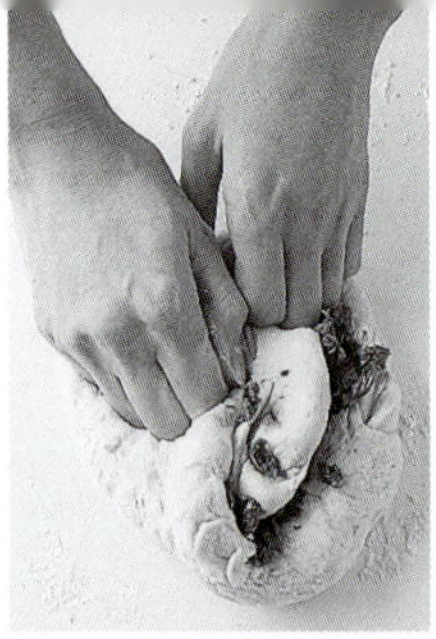

8 Stück | Vorbereitung 2 Stunden 15 min | Backzeit 15 min

Pizza-Brötchen mit Tomaten

Diese Brötchen stecken voller köstlicher Sonnenaromen. Verwenden Sie dafür in Olivenöl eingelegte getrocknete Tomaten.

ZUTATEN
Öl, zum Einfetten
250 g Weizenmehl Type 550
½ TL Salz
1 Päckchen Trockenbackhefe
70 g Butter, zerlassen und leicht abgekühlt
3 EL warme Milch
2 Eier, verquirlt
50 g getrocknete Tomaten in Öl, abgetropft und fein gehackt
Milch, zum Bestreichen

Ein Backblech leicht einfetten.

Mehl und Salz in eine große Schüssel sieben und die Hefe untermischen. Butter, Milch und Eier zufügen und mit den Trockenzutaten zu einem glatten Teig verarbeiten.

Den Teig auf einer leicht bemehlten Arbeitsfläche 5 Minuten durchkneten.

In eine eingefettete Schüssel geben, abdecken und an einem warmen Ort 1–1½ Stunden gehen lassen, bis sich das Teigvolumen verdoppelt hat. Den Teig erneut 2–3 Minuten durchkneten.

Die Tomaten in den Teig einarbeiten. Dabei die Arbeitsfläche zusätzlich mit etwas Mehl bestäuben, da die Tomaten ziemlich viel Öl abgeben.

Den Teig in 8 Portionen teilen, zu Kugeln formen und auf das Backblech legen. Abgedeckt an einem warmen Ort weitere 30 Minuten gehen lassen, bis sich das Teigvolumen verdoppelt hat.

Die Brötchen mit Milch bestreichen und im vorgeheizten Ofen bei 230 °C 10–15 Minuten goldbraun backen.

Auf einem Kuchengitter etwas abkühlen lassen und warm servieren.

8 Stück | Vorbereitung 1 Stunde 45 min | Backzeit 35 min

Knoblauchbrötchen

Solche Brötchen kriegen Sie wohl in keiner Bäckerei! Sie verführen durch ihre weiche Konsistenz und ihr feines Aroma.

ZUTATEN

Butter, zum Einfetten
12 Knoblauchzehen, geschält
350 ml Milch
440 g Mehl
1 TL Salz
1 Päckchen Trockenbackhefe
1 EL getrocknete Kräuter
2 EL Sonnenblumenöl
1 Ei, leicht verquirlt
Milch, zum Bestreichen
grobes Meersalz, zum Bestreuen

Ein Backblech leicht mit Butter einfetten. Knoblauchzehen und Milch in einem Topf aufkochen. Die Hitze reduzieren und alles 15 Minuten köcheln lassen. Etwas abkühlen lassen, dann im Mixer fein pürieren.

Mehl und Salz in eine große Schüssel sieben. Hefe und Kräuter untermischen. Knoblauchmilch, Sonnenblumenöl und Ei zufügen und mit den Trockenzutaten zu einem glatten Teig verarbeiten.

Den Teig auf eine leicht bemehlte Arbeitsfläche von Hand einige Minuten zu einem weichen, elastischen Teig kneten.

Den Teig in eine eingefettete Schüssel geben, abdecken und an einem warmen Ort etwa 1 Stunde gehen lassen, bis sich das Teigvolumen verdoppelt hat.

Den Teig nochmals 2 Minuten durchkneten, dann in 8 gleich große Portionen teilen und zu Kugeln formen.

Die Teigkugeln auf das Blech setzen und mit einem Messer einritzen. Abgedeckt nochmals mindestens 15 Minuten gehen lassen. Den Backofen auf 220 °C vorheizen.

Die Brötchen mit Milch bestreichen und mit Meersalz bestreuen. Im vorgeheizten Ofen 15–20 Minuten goldbraun backen.

Auf einem Kuchengitter leicht abkühlen lassen und warm servieren.

2 Pizzas | Vorbereitung 10 min | Backzeit 20 min

Pizza Margherita

Diese Pizza mit ihren grünen, weißen und roten Zutaten – den italienischen Farben – wurde zu Ehren von Königin Margherita kreiert. Auch wenn die Pizza mit diesen drei einfachen Zutaten bereits köstlich schmeckt, kann sie nach Belieben mit weiteren Zutaten belegt werden.

ZUTATEN
Pflanzenöl, zum Einfetten
1 Portion Pizzateig (siehe Seite 24)
Mehl, zum Bestäuben

Belag
6 Tomaten, in dünnen Scheiben
175 g Mozzarella, in dünnen Scheiben
Salz und Pfeffer
2 EL frisch gehacktes Basilikum
2 EL Olivenöl

2 Backbleche mit Öl einfetten. Den Backofen auf 230 °C vorheizen.

Den Teig noch einmal auf einer leicht bemehlten Arbeitsfläche durchkneten, halbieren und jeweils zu etwa 5 mm dicken Kreisen ausrollen. Die Kreise auf die vorbereiteten Backbleche legen und einen kleinen Teigrand formen.

Tomaten- und Mozzarellascheiben auf die Pizzaböden legen. Mit Salz und Pfeffer würzen, mit dem Basilikum bestreuen und dem Öl beträufeln.

Die Pizzas 20–25 Minuten im vorgeheizten Ofen backen, bis der Rand knusprig und der Käse geschmolzen ist. Sofort servieren.

VARIATION
Für eine Pizza Napoli die Pizzaböden mit je 5 Teelöffeln Pizzasauce (Fertigprodukt) bestreichen, dann mit Tomaten und Mozzarella belegen. Sardellenfilets abtropfen lassen, halbieren und auf den Pizzas verteilen. Mit Pfeffer würzen, mit Olivenöl beträufeln und wie oben beschrieben backen.

1 Pizza | Vorbereitung 10 min | Backzeit 30 min

Tomaten-Ricotta-Pizza

Dieses traditionelle Gericht aus den kalabrischen Bergen Süditaliens wird mit getrockneten Tomaten und frischem Ricotta zubereitet.

ZUTATEN

Pflanzenöl, zum Einfetten
1 Portion Pizzateig (siehe Seite 24)
Mehl, zum Bestäuben

Belag

4 EL Tomatenpesto
150 g Ricotta
10 getrocknete Tomaten in Öl, abgetropft
1 EL frischer Thymian
Salz und Pfeffer

Ein Backblech mit Öl einfetten. Den Backofen auf 200 °C vorheizen.

Den Teig auf einer leicht bemehlten Arbeitsfläche nochmals 2 Minuten durchkneten, dann zu einem 5 mm dicken Kreis ausrollen. Den Teig auf das vorbereitete Backblech legen und einen kleinen Rand formen.

Das Tomatenpesto auf dem Pizzateig verstreichen. Den Ricotta in kleinen Portionen darauf verteilen.

Die Tomaten in Streifen schneiden und ebenfalls auf dem Pizzateig verteilen, zuletzt mit Thymian bestreuen.

Die Pizza mit Salz und Pfeffer würzen und im vorgeheizten Ofen 30 Minuten goldbraun und knusprig backen. Sofort servieren.

1 Pizza | Vorbereitung 20 min | Backzeit 25 min

Zwiebel-Schinken-Pizza

Diese etwas ungewöhnliche Pizza wird ganz ohne Tomaten zubereitet und steht vor allem bei den Römern hoch im Kurs.

ZUTATEN
Pflanzenöl, zum Einfetten
1 Portion Pizzateig (siehe Seite 24)
Mehl, zum Bestäuben

Belag
2 EL Olivenöl
250 g Zwiebeln, in Ringen
2 Knoblauchzehen, zerdrückt
1 rote Paprika, gewürfelt
100 g Prosciutto, in Streifen
100 g Mozzarella, in Scheiben
2 EL frisch Rosmarinnadeln, grob gehackt

Ein Backblech mit Öl einfetten. Den Backofen auf 230 °C vorheizen.

Den Teig auf einer leicht bemehlten Arbeitsfläche nochmals 4–5 Minuten durchkneten, dann zu einem 5 mm dicken Rechteck ausrollen und auf das vorbereitete Backblech legen.

Für den Belag das Olivenöl in einer Pfanne erhitzen. Zwiebeln und Knoblauch zugeben und 3 Minuten glasig dünsten, dann die Paprika zufügen und weitere 2 Minuten garen.

Den Deckel aufsetzen und das Gemüse bei kleiner Hitze 10 Minuten unter gelegentlichem Rühren garen, bis die Zwiebeln leicht karamellisiert sind. Etwas abkühlen lassen.

Den Belag gleichmäßig auf dem Pizzaboden verteilen, mit Schinken und Mozzarella belegen und mit dem Rosmarin bestreuen. Im vorgeheizten Ofen 20–25 Minuten backen, bis der Rand goldbraun ist. Sofort servieren.

VARIATION
Ersetzen Sie den luftgetrockneten Schinken durch gekochten Schinken und belegen Sie die Pizza zusätzlich mit 70 g kleinen Champignons, in Scheiben geschnitten. Für einen zusätzlichen Farbtupfer rote statt weiße Zwiebeln verwenden.

1 Pizza | Vorbereitung 25 min | Backzeit 25 min

Pizza funghi

Die Grundlage dieses Pizzabelags sind Tomaten, seine Krönung dagegen Pilze und Mozzarella.

ZUTATEN
Pflanzenöl, zum Einfetten
1 Portion Pizzateig (siehe Seite 24)
Mehl, zum Bestäuben

Belag
200 g Pilze
400 g gehackte Tomaten aus der Dose
2 Knoblauchzehen, zerdrückt
1 TL getrockneter Oregano
1 EL Olivenöl · Salz und Pfeffer
2 EL Tomatenmark
150 g Mozzarella, gerieben
frisches Basilikum, zum Garnieren

Ein Backblech mit Öl einfetten.

Den Teig auf einer leicht bemehlten Arbeitsfläche nochmals 2 Minuten durchkneten, dann zu einem 5 mm dicken Kreis oder Oval ausrollen und auf das vorbereitete Backblech legen.

Für den Belag die Pilze in Scheiben schneiden. Tomaten, Knoblauch, Oregano und Öl in einen großen Topf geben. Mit Salz und Pfeffer würzen und 20 Minuten köcheln lassen, bis die Sauce etwas eingedickt ist. Das Tomatenmark unterrühren und die Sauce etwas abkühlen lassen.

Den Backofen auf 200 °C vorheizen.

Die Sauce gleichmäßig auf dem Pizzaboden verteilen, dann mit Pilzen und Mozzarella belegen.

Im vorgeheizten Ofen 20–25 Minuten goldbraun und knusprig backen. Mit Basilikum garnieren und sofort servieren.

1 Pizza | Vorbereitung 15 min | Backzeit 20 min

Pizza mit Käse & Artischocken

Artischockenherzen, herzhafter Emmentaler, würziger Parmesan und zartschmelzender Blauschimmelkäse machen diese Pizza zu einem Hochgenuss.

ZUTATEN
Pflanzenöl, zum Einfetten
1 Portion Pizzateig (siehe Seite 24)
Mehl, zum Bestäuben

Belag
1 Portion Tomatensauce (siehe Seite 26)
60 g Blauschimmelkäse, in Scheiben
125 g Artischockenherzen in Öl, in Scheiben
½ kleine rote Zwiebel, gehackt
50 g Emmentaler, gerieben
2 EL frisch geriebener Parmesan
1 EL frisch gehackter Thymian
Öl von den Artischocken, zum Beträufeln
Salz und Pfeffer
gemischter Salat, zum Servieren

Ein Backblech mit Öl einfetten.

Den Teig auf einer leicht bemehlten Arbeitsfläche zu einem 25 cm großen Kreis ausrollen oder von Hand ausziehen.

Den Backofen auf 200 °C vorheizen. Den Pizzaboden auf das vorbereitete Backblech legen und einen kleinen Rand formen. Abgedeckt an einem warmen Ort mindestens 10 Minuten gehen lassen.

Den Boden bis zum Rand mit Tomatensauce bestreichen und mit Blauschimmelkäse, Artischockenherzen und Zwiebel belegen.

Emmentaler, Parmesan und Thymian mischen und auf die Pizza streuen. Mit etwas Artischockenöl beträufeln und mit Salz und Pfeffer würzen.

Im vorgeheizten Ofen 18–20 Minuten backen, bis der Rand goldbraun und knusprig ist und der Käse Blasen wirft. Die Pizza in Stücke schneiden und mit dem Salat servieren.

 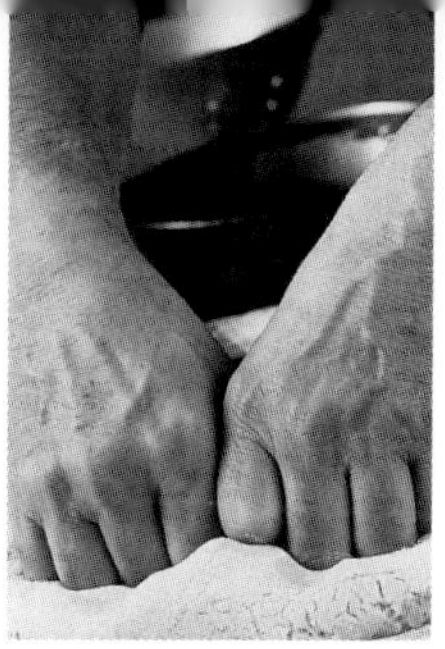

2 Pizzas | Vorbereitung 40 min | Backzeit 25 min

Pizza quattro stagioni

Diese Pizza wird in 4 Teile eingeteilt – jeder steht für eine Jahreszeit – und unterschiedlich belegt. Sie können die Zutaten nach Geschmack variieren.

ZUTATEN
Pflanzenöl, zum Einfetten
1 Portion Pizzateig (siehe Seite 24)
Mehl, zum Bestäuben

Tomatensauce
2 EL Olivenöl
1 kleine Zwiebel, fein gehackt
1 Knoblauchzehe, fein gehackt
1 rote Paprika, klein gewürfelt
225 g Eiertomaten, gehäutet (siehe Tipp Seite 111) und gehackt
1 EL Tomatenmark
1 TL brauner Zucker
1 EL frisch gehacktes Basilikum
1 Lorbeerblatt
Salz und Pfeffer

Belag
70 g abgetropfte eingelegte Muscheln oder Sardellenfilets, längs halbiert, oder gekochte, ausgelöste Garnelen
50 g Artischockenherzen, in dünnen Scheiben
1 Tomate, in Scheiben
25 g Mozzarella, in Scheiben
100 g Pilze oder Peperoni, in Scheiben
2 TL Kapern, abgespült
2 TL entsteinte schwarze Oliven, in Scheiben
Salz und Pfeffer
2 EL Olivenöl, plus etwas mehr zum Bestreichen

Für die Sauce das Olivenöl in einem Topf erhitzen. Zwiebel, Knoblauch und Paprika zugeben und bei kleiner Hitze unter gelegentlichem Rühren 5 Minuten weich dünsten. Tomaten, Tomatenmark, Zucker, Basilikum und Lorbeerblatt zugeben und mit Salz und Pfeffer würzen. Die Sauce bei geschlossenem Deckel 30 Minuten unter gelegentlichem Rühren einkochen. Den Topf vom Herd nehmen und die Sauce erkalten lassen.

2 Backbleche mit Öl einfetten. Den Backofen auf 220 °C vorheizen.

Den Teig auf einer bemehlten Arbeitsfläche nochmals kurz durchkneten, halbieren und zu etwa 5 mm dicken Kreisen ausrollen. Die Teigkreise auf ein eingeöltes Backblech legen und einen kleinen Rand formen.

Die Pizzaböden bis zum Rand mit der Tomatensauce bestreichen. Ein Viertel mit Muscheln, Sardellenfilets oder Garnelen belegen; ein Viertel mit Artischocken; ein Viertel abwechselnd mit Tomaten- und Mozzarellascheiben; das letzte Viertel mit Pilzen oder Peperoni. Die ganze Pizza mit Kapern und Oliven bestreuen, mit Salz und Pfeffer würzen und mit dem Öl beträufeln.

Im vorgeheizten Ofen 20–25 Minuten backen, bis der Rand knusprig und der Käse geschmolzen ist. Sofort servieren.

VARIATION
Auch andere Beläge sind köstlich: gemischte Meeresfrüchte wie Garnelen, Muscheln und Tintenfischringe; mediterranes Gemüse wie Auberginen, Paprika, Zucchini und rote Zwiebeln; gemischte Pilze mit Pinienkernen; scharfe Peperoncini und Chillies.

1 Stück | Vorbereitung 20 min | Garzeit 55 min

Pissaladière

Dieser Zwiebelkuchen gilt eigentlich als Spezialität der Provence. Vermutlich waren es aber römische Köche, die das Rezept während der Avignoner Papstzeit im Mittelalter nach Südfrankreich brachten.

ZUTATEN

4 EL Olivenöl, plus etwas mehr zum Einfetten
700 g rote Zwiebeln, in dünnen Ringen
2 Knoblauchzehen, zerdrückt
2 TL Feinstzucker
2 EL Rotweinessig
Salz und Pfeffer
350 g Blätterteig (Fertigprodukt)
Mehl, zum Bestäuben
100 g Sardellenfilets aus der Dose
12 entsteinte grüne Oliven
1 TL getrockneter Majoran

Ein Backblech leicht mit Olivenöl einfetten. Das Olivenöl in einer Pfanne erhitzen, Zwiebeln und Knoblauch darin bei kleiner Hitze etwa 30 Minuten unter gelegentlichem Rühren dünsten.

Zucker und Rotweinessig zufügen und kräftig mit Salz und Pfeffer würzen.

Den Backofen auf 220 °C vorheizen.

Blätterteig auf einer leicht bemehlten Arbeitsfläche auf Backblechgröße ausrollen und auf das vorbereitete Backblech legen.

Die Zwiebelmischung auf dem Teigboden verteilen. Die Sardellenfilets so darauflegen, dass ein Gittermuster entsteht. Die Oliven in die Rauten setzen und mit Majoran bestreuen.

Die Pissaladière im vorgeheizten Ofen 20–25 Minuten goldbraun backen. Sofort servieren.

TIPP

Für eine Party oder ein Picknick servieren Sie die Pissaladière als Fingerfood in kleine Quadrate oder Dreiecke geschnitten.

4 Pizzas | Vorbereitung 1 Stunde 15 min | Backzeit 30 min

Gemüse-Calzone

Diese gefüllten Teigtaschen lassen sich gut vorbereiten und einfrieren.

ZUTATEN

Teig

440 g Weizenmehl Type 550, plus etwas mehr zum Bestäuben
1 Päckchen Trockenbackhefe
1 TL Feinstzucker
150 ml Gemüsebrühe (siehe Seite 29)
150 g passierte Tomaten
1 Ei, verquirlt

Füllung

1 EL Pflanzenöl, plus etwas mehr zum Einfetten
1 Zwiebel, gehackt
1 Knoblauchzehe, zerdrückt
2 EL gehackte getrocknete Tomaten in Öl
100 g Spinat, gehackt
3 EL abgetropfter Gemüsemais aus der Dose
50 g grüne Bohnen, gedrittelt
1 EL Tomatenmark
1 EL frisch gehackter Oregano
Salz und Pfeffer
50 g Mozzarella, in Scheiben

Das Mehl in eine Schüssel sieben. Hefe und Zucker untermischen. Brühe und Tomaten zugeben und mit den Trockenzutaten zu einem glatten Teig verarbeiten.

Den Teig auf einer leicht bemehlten Arbeitsfläche 10 Minuten kneten, dann in eine eingefettete Schüssel geben und abgedeckt an einem warmen Ort 1 Stunde gehen lassen.

Für die Füllung das Öl in einer Pfanne erhitzen. Die Zwiebel darin 2–3 Minuten andünsten. Knoblauch, Tomaten, Spinat, Mais und Bohnen zufügen und 3–4 Minuten garen. Dann Tomatenmark und Oregano unterrühren und mit Salz und Pfeffer würzen.

Den Teig auf einer bemehlten Arbeitsfläche nochmals kurz durchkneten. In 4 Portionen teilen und zu 18 cm großen Kreisen ausrollen. Je ein Viertel der Füllung auf eine Hälfte der Teigkreise verteilen, mit dem Mozzarella belegen und die andere Teighälfte darüberklappen. Die Ränder mit Ei bestreichen und mit einer Gabel festdrücken. Die Calzone auf ein eingefettetes Backblech legen und im vorgeheizten Ofen bei 220 °C 25–30 Minuten backen, bis sie aufgegangen und goldbraun sind. Sofort servieren.

4 Pizzas | Vorbereitung 1 Stunde 30 min | Backzeit 30 min

Kartoffel-Tomaten-Calzone

Diese Teigtaschen schmecken am besten frisch aus dem Ofen. Zusammen mit einem kleinen Salat sind sie eine köstliche Mittags- oder Abendmahlzeit.

ZUTATEN

Teig

500 g Weizenmehl Type 550, plus etwas mehr zum Bestäuben
1 Päckchen Trockenbackhefe
300 ml Gemüsebrühe (siehe Seite 29)
1 EL Honig
1 TL Kümmelsamen
Milch, zum Bestreichen

Füllung

1 EL Pflanzenöl
225 g fest kochende Kartoffeln, gewürfelt
1 Zwiebel, halbiert und in Streifen
2 Knoblauchzehen, zerdrückt
40 g getrocknete Tomaten in Öl
2 EL frisch gehacktes Basilikum
2 EL Tomatenmark
2 Selleriestangen, in Scheiben
50 g Mozzarella, gerieben

Für den Teig das Mehl in eine Schüssel sieben. Die Hefe untermischen und eine Vertiefung in die Mitte drücken. Brühe, Honig und Kümmel hineingeben und mit den Trockenzutaten zu einem glatten Teig verarbeiten.

Auf einer leicht bemehlten Arbeitsfläche 8 Minuten kneten, bis der Teig weich und elastisch ist. In eine leicht eingefettete Schüssel geben und abgedeckt an einem warmen Ort 1 Stunde gehen lassen, bis sich das Teigvolumen verdoppelt hat.

Inzwischen für die Füllung das Öl in einer Pfanne erhitzen und die restlichen Zutaten (bis auf den Käse) hineingeben und 5 Minuten unter ständigem Rühren dünsten. Die Pfanne vom Herd nehmen und die Füllung erkalten lassen.

Ein Backblech mit Öl einfetten. Den Backofen auf 220 °C vorheizen.

Den Teig auf einer leicht bemehlten Arbeitsfläche nochmals kurz durchkneten. In 4 Portionen teilen und zu 18 cm großen Kreisen ausrollen. Je ein Viertel der Füllung auf einer Teigkreishälfte verteilen.

Den Käse darüberstreuen, den Teigrand mit Milch bestreichen und die andere Teighälfte über die Füllung klappen. Die Ränder mit einer Gabel fest zusammendrücken.

Die Calzone auf das Backblech legen, mit Milch bestreichen und im vorgeheizten Ofen 30 Minuten backen, bis sie aufgegangen und goldbraun sind. Sofort servieren.

1 Pizza | Vorbereitung 1 Stunde 30 min | Backzeit 25 min

Pizza alla marinara

Wenn Sie keinen frischen Meeresfrüchte-Mix finden, schauen Sie einmal in der Tiefkühlabteilung gut sortierter Supermärkte nach. Dort finden Sie in Beuteln verpackte gemischte Meeresfrüchte mit Garnelen, Tintenfischringen und Muscheln.

ZUTATEN

natives Olivenöl extra, zum Einfetten und Beträufeln
1 Portion Pizzateig (siehe Seite 24)
Mehl, zum Bestäuben

Belag

1 Portion Tomatensauce (siehe Seite 26)
225 g Meeresfrüchte-Mix*
je ½ rote und gelbe Paprika, in Streifen
1 EL Kapern, abgespült
50 g Taleggio, gerieben
3 EL frisch geriebener Parmesan
½ TL getrockneter Oregano
75 g Sardellenfilets in Öl, abgetropft, längs halbiert
10 entsteinte schwarze Oliven
Salz und Pfeffer

Ein Backblech mit Olivenöl einfetten. Den Backofen auf 220 °C vorheizen.

Den Teig auf einer bemehlten Arbeitsfläche noch einmal durchkneten, dann zu einem etwa 5 mm dicken Kreis ausrollen. Auf das vorbereitete Backblech legen und einen kleinen Rand formen.

Die Tomatensauce bis zum Rand auf dem Pizzaboden verstreichen. Meeresfrüchte, Paprika und Kapern darauf verteilen.

Mit Taleggio, Parmesan und Oregano bestreuen. Sardellenfilets und Oliven auf der Pizza verteilen. Mit Olivenöl beträufeln und mit Salz und Pfeffer würzen.

Im vorgeheizten Ofen 20–25 Minuten backen, bis der Rand knusprig und der Käse geschmolzen ist. Sofort servieren.

TIPP

**Wenn Sie tiefgefrorene Meeresfrüchte verwenden, sollten Sie sie zuvor vollständig auftauen lassen.*

4 Personen | Vorbereitung 15 min | Garzeit 1 Stunde 5 min

Pizzette

Diese kleinen Pizzas für auf die Hand. Die Zutatenmengen reichen aus für 8 kleine oder 16 Minipizzas, die man wie Canapés servieren kann.

ZUTATEN
Pflanzenöl, zum Einfetten
1 Portion Pizzateig (siehe Seite 24)
Mehl, zum Bestäuben

Belag
2 Zucchini
100 g passierte Tomaten
75 g Pancetta*, gewürfelt
50 g entsteinte schwarze Oliven*, grob gehackt
1 EL getrocknete italienische Kräuter
frisch gemahlener schwarzer Pfeffer
2 EL Olivenöl

2 Backbleche mit Olivenöl einfetten.

Den Teig auf einer leicht bemehlten Arbeitsfläche nochmals 2 Minuten durchkneten. In 8 gleich große Portionen teilen und zu 5 mm dicken Kreisen ausrollen. Auf die vorbereiteten Backbleche legen.

Den Backofen auf 200 °C vorheizen. Für den Belag die Zucchini in eine Schüssel raspeln. Mit Frischhaltefolie abgedeckt 10 Minuten ziehen und anschließend abtropfen lassen.

Je 2–3 Teelöffel Tomaten auf den Pizzaböden verstreichen. Zucchini, Pancetta und Oliven darauf verteilen. Mit den Kräutern bestreuen, pfeffern und mit Olivenöl beträufeln.

Die Pizzas im vorgeheizten Ofen 15 Minuten backen, bis sie goldbraun und knusprig sind. Sofort servieren.

VARIATION
**Für ein herzhafteres Aroma verwenden Sie geräucherte Pancetta. Statt der schwarzen Oliven können mildere grüne Oliven verwendet werden – allerdings reduziert sich so auch der schöne Farbkontrast.*

Fünftes Kapitel

DOLCI
Desserts & Backwerk

Obstdesserts, Cremes, Eis, Kuchen oder Gebäck gehören zum krönenden Abschluss eines italienischen Menüs zu einem besonderen Anlass. Ihnen wird aber sicherlich immer ein guter Grund einfallen, um die Köstlichkeiten aus diesem Kapitel zuzubereiten.

4 Personen | Vorbereitung 5 min | Garzeit 15 min

Zabaglione

Diese luftig leichte Eiercreme schmeckt nicht nur mit Marsala, sondern auch mit jedem anderen Dessertwein.

ZUTATEN
5 Eigelb
100 g Feinstzucker
150 ml Marsala oder süßer Sherry
frische Früchte oder Amaretti, zum Servieren (nach Belieben)

Das Eigelb in eine große Schüssel geben.

Den Zucker zufügen und mit dem Eigelb aufschlagen, bis die Masse blass und cremig ist und sich ihr Volumen verdoppelt hat.

Die Schüssel auf einen Topf mit sanft köchelndem Wasser stellen.

Marsala oder Sherry zugießen und die Eiermasse 10 Minuten rühren, bis sie warm und schaumig ist.

Die Zabaglione in Dessertgläser füllen und noch warm, nach Belieben mit frischen Früchten oder Amaretti, servieren.

6 Personen | Vorbereitung 25 min + 8 Stunden Kühlzeit | Garzeit 10 min

Kaffee-Panna-cotta mit Schokoladensauce

Wörtlich übersetzt bedeutet panna cotta *„gekochte Sahne".*

ZUTATEN
Öl, zum Einfetten
625 g Sahne
1 Vanillestange
60 g brauner Feinstzucker
1 Päckchen gemahlene Gelatine
2 TL Instant-Kaffee, aufgelöst in 4 EL Wasser, erkaltet
schokolierte Kaffeebohnen, zum Garnieren

Sauce
150 g Sahne
50 g Zartbitterschokolade, geschmolzen

6 Förmchen (à 150 ml) mit Öl einfetten. Die Sahne in einen Topf füllen. Die Vanillestange aufschlitzen und das Mark herauskratzen. Vanillestange und -mark und Zucker in die Sahne geben. Die Gelatine in den Kaffee streuen und 5 Minuten quellen lassen.

Inzwischen die Sahne bis knapp unter den Siedepunkt erhitzen. Den Topf vom Herd nehmen und die Sahne etwas abkühlen lassen. Die Gelatine mit dem Kaffee unter Rühren in die noch heiße Sahne gießen und weiterrühren, bis sich die Gelatine vollständig aufgelöst hat. Die Sahne erst durch ein Haarsieb in einen Rührbecher mit Schnabel, dann in die vorbereiteten Förmchen gießen. Die Cremes auskühlen lassen und dann mindestens 8 Stunden im Kühlschrank fest werden lassen.

Für die Sauce ein Viertel der Sahne in eine Schüssel geben und die geschmolzene Schokolade unterrühren. Nach und nach bis auf 1 Esslöffel die restliche Sahne unterrühren.

Zum Servieren die Förmchen kurz in heißes Wasser tauchen und die Panna cotta auf Dessertteller stürzen. Die Schokoladensauce angießen. Einige Tropfen der restlichen Sahne auf die Sauce geben und mit einem Zahnstocher zu einem Herzen ausziehen. Mit Kaffeebohnen dekoriert servieren.

8 Personen | Vorbereitung 30 min + 3 Stunden Kühlzeit | Backzeit 30 min

Tiramisu

Tiramisu ist das wohl berühmteste und beliebteste italienische Dessert. Die Kombination aus Mascarpone, Schokolade, Kaffee und Rum macht es einfach unwiderstehlich.

ZUTATEN
Butter, zum Einfetten
3 Eier
150 g brauner Feinstzucker
100 g Mehl
1 TL Backpulver
1 EL Kakaopulver, plus 2 TL zum Bestäuben
150 ml starker schwarzer Kaffee, erkaltet
2 EL Rum

Füllung
350 g Mascarpone
250 g Vanillepudding (Fertigprodukt)
60 g brauner Feinstzucker
100 g Zartbitterschokolade, geraspelt

Den Backofen auf 180 °C vorheizen. Eine Springform (20 cm Ø) mit Butter einfetten und den Boden mit Backpapier auslegen. Eier und Zucker in einer Schüssel cremig rühren. Mehl und Kakao darübersieben und vorsichtig unterziehen. Den Teig in die vorbereitete Form füllen und 30 Minuten im vorgeheizten Ofen backen, bis der Biskuit bei leichtem Fingerdruck elastisch nachgibt. 5 Minuten in der Form abkühlen lassen, dann zum Auskühlen auf ein Kuchengitter stürzen.

Kaffee und Rum in einer Schale mischen.

Für die Füllung den Mascarpone in einer großen Schüssel glatt rühren. Den Vanillepudding einarbeiten. Den Zucker unter Rühren einrieseln lassen und die Schokolade unterheben.

Den Biskuit horizontal in 3 Böden schneiden. Einen Boden auf eine Tortenplatte setzen und mit einem Drittel des Kaffees tränken. Mit einem Drittel der Mascarponecreme bestreichen. Den Vorgang mit den anderen beiden Böden wiederholen und mit Mascarponecreme abschließen. Mindestens 3 Stunden im Kühlschrank ziehen lassen. Vor dem Servieren mit Kakaopulver bestäuben.

VARIATION
Um Zeit zu sparen, können Sie statt eines selbst gebackenen Biskuits Löffelbiskuits verwenden. Die Löffelbiskuits mit dem Kaffee tränken und in einer Auflaufform mit der Mascarponecreme schichten.

6 Personen | Vorbereitung 1 Stunde + 1 Stunde Kühlzeit | Backzeit 50 min

Birnen-Crostata

Eine crostata bezeichnet einen mit Obst belegten Kuchen aus Mürbeteig. Bei diesem Rezept aus der Region um Trient werden für die Füllung Birnen, Mandeln und Rosinen mit Zimt gemischt.

ZUTATEN
300 g Mehl
1 Prise Salz
150 g Feinstzucker
150 g Butter, gewürfelt
1 Ei
1 Eigelb
einige Tropfen Vanillearoma
2–3 TL Wasser
Puderzucker, zum Bestäuben

Füllung
4 EL Aprikosenkonfitüre
60 g Amaretti, zerkrümelt
1 kg Birnen, geschält und entkernt
1 TL Zimt
100 g Rosinen
60 g brauner Zucker

Mehl und Salz in eine Schüssel sieben. Eine Vertiefung in die Mitte drücken und Zucker, Butter, Ei, Eigelb, Vanillearoma und 2 Teelöffel Wasser hineingeben. Die Zutaten rasch von Hand oder in der Küchenmaschine zu einem glatten Teig kneten. Gegebenenfalls noch etwas Wasser einarbeiten. Den Teig in Frischhaltefolie schlagen und 1 Stunde im Kühlschrank ruhen lassen.

Gut drei Viertel des Teigs ausrollen und eine Obstkuchenform (26 cm Durchmesser) damit auskleiden. Den Teigboden mit der Konfitüre bestreichen und die Amaretti darüberstreuen.

Die Birnen in dünne Scheiben schneiden und den Kuchenboden damit belegen. Mit dem Zimt bestäuben und mit Rosinen und Zucker bestreuen.

Den restlichen Teig zu dünnen Strängen rollen und gitterförmig auf die Birnen legen (etwa 4–5 Streifen in jede Richtung) und fest am Teigrand andrücken.

Die Crostata im vorgeheizten Ofen bei 200 °C 50 Minuten goldbraun backen. Entweder warm oder kalt mit Puderzucker bestäubt servieren.

6-8 Personen | Vorbereitung 1 Stunde + 30 min Kühlzeit | Backzeit 55 min

Ricotta-Kuchen

Dieser köstliche Käsekuchen bestätigt die Aussage, dass die besten italienischen Desserts aus Sizilien kommen.

ZUTATEN

Teig

150 g Mehl, plus etwas mehr zum Bestäuben
3 EL Feinstzucker
Salz
120 g kalte Butter, gewürfelt
1 Eigelb

Füllung

500 g Ricotta
125 g Sahne
2 Eier, plus 1 Eigelb
80 g Zucker
fein abgeriebene Schale von 1 Zitrone
fein abgeriebene Schale von 1 Orange

Für den Teig das Mehl in eine Schüssel sieben und mit Zucker und 1 Prise Salz mischen. Eine Vertiefung in die Mitte drücken. Butter und Eigelb hineingeben und mit den Trockenzutaten rasch zu einem glatten Teig kneten.

Ein Viertel des Teiges in Frischhaltefolie eingeschlagen im Kühlschrank ruhen lassen. Mit dem restlichen Teig eine Obstkuchenform (26 cm Durchmesser) auskleiden und 30 Minuten kalt stellen.

Den Backofen auf 190 °C vorheizen.

Für die Füllung Ricotta, Sahne, Eier, Eigelb, Zucker und Zitrusschalen glatt rühren.

Den Teigboden mehrmals mit einer Gabel einstechen, mit Alufolie bedecken und mit getrockneten Hülsenfrüchten beschweren. Im vorgeheizten Ofen 15 Minuten blindbacken.

Die Form aus dem Ofen nehmen und Alufolie samt Hülsenfrüchten entfernen.

Den Teigboden mit der Ricotta-Masse füllen und die Oberfläche glatt streichen. Den restlichen Teig auf einer leicht bemehlten Arbeitsfläche ausrollen und in Streifen schneiden. Die Streifen gitterförmig über die Füllung legen. Die Enden mit etwas Wasser befeuchten und gut am Teigrand andrücken.

Im vorgeheizten Ofen 30–35 Minuten backen, bis der Teig goldbraun und die Füllung fest ist. Den Kuchen auf einem Kuchengitter auskühlen lassen, dann aus der Form lösen.

6 Personen | Vorbereitung 15 min + 3–48 Stunden Kühlzeit | Garzeit 20 min

Karamellisierte Orangen

Das Geheimnis dieser Orangen ist, dass sie mindestens 24 Stunden im Sirup marinieren und sich ihre Aromen so wunderbar entwickeln können.

ZUTATEN
6 große Orangen
250 g Zucker
250 ml Wasser
6 Gewürznelken (nach Belieben)
2–4 EL Orangenlikör oder Weinbrand

Mit einem Zestenreißer oder Sparschäler die Schale von 2 Orangen dünn abschälen. Mit einem Sparschäler abgeschälte Schale anschließend in sehr feine Streifen schneiden.

Die Orangenzesten in einen kleinen Topf geben, knapp mit Wasser bedecken. Zum Kochen bringen und 5 Minuten köcheln lassen. Das Wasser abgießen und auffangen. Die Zesten abtropfen lassen.

Die weiße Innenschale der Orangen großzügig entfernen und das Fruchtfleisch quer in je 4 Scheiben schneiden. Die Orangen wieder zusammensetzen, mit Zahnstochern feststecken und in eine hohe Auflaufform setzen.

Zucker, Wasser und Nelken, falls verwendet, in einen Topf geben und zum Kochen bringen. Sanft köcheln lassen, bis sich der Zucker aufgelöst hat. Dann ohne Rühren kräftig aufkochen, bis der Sirup eindickt und goldbraun ist. Den Topf vom Herd nehmen und das aufgefangene Orangenkochwasser zugießen.

Bei kleiner Hitze erneut erhitzen, bis sich der Sirup wieder verflüssigt hat. Den Topf vom Herd nehmen und den Orangenlikör unterrühren. Den Sirup nun über die Orangen gießen.

Die Zesten über die Orangen streuen. Mit Frischhaltefolie abdecken und erkalten lassen. Dann mindestens 3, besser aber 24–48 Stunden im Kühlschrank ziehen lassen. Dabei die Orangen gelegentlich mit dem Sirup übergießen. Vor dem Servieren die Zahnstocher entfernen.

4 Personen | Vorbereitung 20 min + 1 Stunde 20 min Kühlzeit | Garzeit 0 min

Mascarpone-Mousse

Die luftige, süße Frischkäsecreme ist die perfekte Ergänzung zu frischen Sommerfrüchten.

ZUTATEN
500 g Mascarpone
4 Eigelb
100 g Feinstzucker
400 g Sommerfrüchte, TK-Ware aufgetaut und abgetropft
Johannisbeeren, zum Garnieren
Amaretti, zum Servieren

Den Mascarpone in einer großen Schüssel mit einem Holzlöffel glatt und cremig rühren. Eigelb und Zucker zufügen und sorgfältig einarbeiten. Die Creme 1 Stunde kalt stellen.

Tiefe Gläser oder Dessertschalen abwechselnd mit einer Schicht Mascarpone-Mousse und Früchten füllen. Mit Mascarpone-Mousse abschließen.

Die Desserts 20 Minuten in den Kühlschrank stellen, damit die Früchte noch einmal gut gekühlt werden.

Die Desserts mit Johannisbeeren garnieren und mit Amaretti servieren.

4 Personen | Vorbereitung 15 min + 30 min Kühlzeit | Garzeit 25 min

Italienischer Brotauflauf

Diese frisch-fruchtige Süßspeise wird mit Äpfeln und Orangenzesten verfeinert und gibt schon für sich allein eine köstliche süße Hauptmahlzeit ab.

ZUTATEN

1 EL Butter
2 kleine Tafeläpfel, geschält, entkernt, in Ringen
75 g Zucker
2 EL Weißwein
100 g altbackenes Weißbrot, in Scheiben, ohne Rinde
300 g Sahne
2 Eier, verquirlt
dünn abgelöste Schale von 1 Orange, in feinen Stiften

Eine Auflaufform (1,2 l) mit der Butter einfetten.

Die Apfelringe auf dem Boden der Form verteilen. Mit der Hälfte des Zuckers bestreuen und mit dem Wein übergießen. Dann die Brotscheiben darauf verteilen und leicht andrücken.

Sahne, Eier, restlichen Zucker und Orangenzesten glatt rühren, über das Brot gießen und 30 Minuten einweichen.

Den Backofen auf 180 °C vorheizen. Den Auflauf im vorgeheizten Ofen 25 Minuten goldbraun backen. Kurz abkühlen lassen und warm servieren.

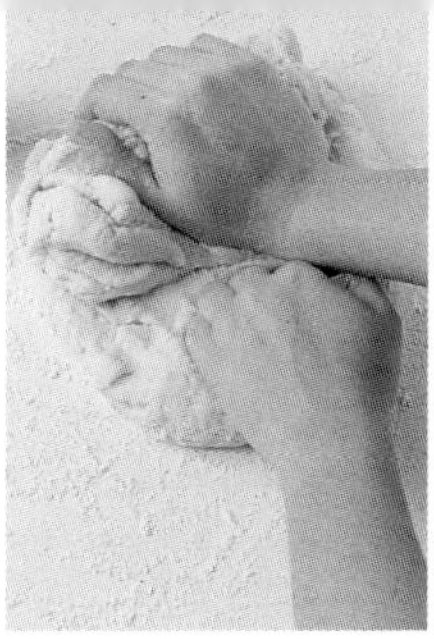

4 Personen | Vorbereitung 1 Stunde 30 min | Backzeit 20 min

Süße Ravioli

Bei diesen sündhaft leckeren gefüllten Teigtäschchen gerät jeder ins Schwärmen.

ZUTATEN

Teig

500 g Mehl
150 g Butter, plus etwas mehr zum Einfetten
170 g Feinstzucker
4 Eier
½ Würfel frische Hefe, zerkrümelt
125 ml warme Milch

Füllung

150 g Maronencreme
50 g Kakaopulver
50 g Feinstzucker
60 g gehackte Mandeln
30 g Amaretti, zerkrümelt
225 g Orangenmarmelade

Für den Teig das Mehl in eine Schüssel sieben und mit Butter, Zucker und 3 Eiern verrühren. Hefe und Milch in einer Schale glatt rühren und in den Teig einarbeiten. Den Teig 20 Minuten kneten, mit einem sauberen Küchentuch abdecken und an einem warmen Ort 1 Stunde gehen lassen.

Maronencreme, Kakao, Zucker, Mandeln, Amaretti und Orangenmarmelade in einer Schüssel glatt rühren.

Den Teig auf einer leicht bemehlten Arbeitsfläche nochmals kurz durchkneten und dünn ausrollen. Mit einer Ausstechform (5 cm Durchmesser) insgesamt 16 Kreise ausstechen.

Ein Backblech mit Butter einfetten. Den Backofen auf 180 °C vorheizen.

Je 1 Teelöffel Füllung auf die Kreise setzen und diese zu Halbkreisen zusammenklappen. Die Ränder fest zusammendrücken. Die Teigtaschen mit ausreichend Abstand auf das vorbereitete Backblech legen.

Das letzte Ei verquirlen und die Ravioli damit bestreichen. Im vorgeheizten Ofen 20 Minuten backen und warm servieren.

4 Personen | Vorbereitung 20 min + 1–2 Stunden Kühlzeit | Garzeit 0 min

Amaretti-Creme

Dieses prächtige Dessert ist der perfekte Abschluss eines Menüs zu einer besonderen Gelegenheit.

ZUTATEN
120 g Amaretti*, zerkrümelt
4 EL Amaretto oder Maraschino
4 Eier, getrennt
60 g Feinstzucker
250 g Mascarpone
geröstete Mandelblättchen, zum Garnieren

Die Amaretti-Krümel in eine Schüssel geben, mit Amaretto oder Maraschino vermengen und zum Einweichen beiseitestellen.

Inzwischen Eigelb und Zucker schaumig rühren. Mascarpone und Kekskrümel sorgfältig unterheben.

Das Eiweiß in einer sauberen Schüssel steif schlagen und unter die Creme heben. Die Amaretti-Creme in Dessertschalen füllen und 1–2 Stunden kalt stellen. Vor dem Servieren mit Mandelblättchen garnieren.

TIPP
**Amaretti lassen sich im Handumdrehen zerkrümeln, wenn man sie in einen Gefrierbeutel gibt und mit einer Teigrolle mehrmals darüberrollt.*

6 Personen | Vorbereitung 20 min | Garzeit 30 min

Gefüllte Pfirsiche

Pfirsiche werden überwiegend in Mittel- und Süditalien angebaut, dieses Rezept jedoch stammt aus Piemont im Nordwesten des Landes.

ZUTATEN

50 g Butter, plus etwas mehr zum Einfetten
6 große Pfirsiche*, halbiert
25 g gemahlene Mandeln
50 g Amaretti, grob zerdrückt
1 EL Amaretto
½ TL fein geriebene Zitronenschale
1 TL Kakaopulver
2 TL Puderzucker
250 ml halbtrockener Weißwein

Eine flache Auflaufform einfetten. Die Pfirsichhälften noch etwas weiter aushöhlen und das Fruchtfleisch in eine Schüssel geben.

Mandeln, Amaretti, Amaretto, Zitronenschale und die Hälfte der Butter in die Schüssel geben und mithilfe einer Gabel mit dem Fruchtfleisch zerdrücken. Die Pfirsichhälften mit der Mandelmasse füllen und in die Auflaufform setzen.

Den Backofen auf 180 °C vorheizen. Die Butter in Flöckchen auf den Pfirsichen verteilen. Mit Kakao und Puderzucker bestäuben. Den Wein in die Form gießen und die Pfirsiche im vorgeheizten Ofen 30 Minuten goldbraun backen. Sofort servieren.

TIPP

**Verwenden Sie möglichst weiße Pfirsiche, sie sind besonders süß und saftig. Achten Sie darauf, dass Sie vollreife Früchte kaufen.*

4 Personen | Vorbereitung 35 min | Garzeit 2 min

Panettone mit Erdbeeren

Panettone ist ein süßes italienisches Hefebrot. Getoastet wird daraus zusammen mit Mascarpone und Erdbeeren ein leckeres Dessert.

ZUTATEN
250 g Erdbeeren
2 EL Feinstzucker
90 ml Marsala
½ TL Zimt
4 Scheiben Panettone
4 EL Mascarpone

Die Erdbeeren in Scheiben schneiden. In eine Schüssel geben und mit Zucker, Marsala und Zimt vorsichtig vermengen. Mindestens 30 Minuten im Kühlschrank ziehen lassen.

Vor dem Servieren die Panettone-Scheiben im Toaster goldbraun rösten.

Mit etwas Mascarpone und den gekühlten Erdbeeren auf Serviertellern anrichten und sofort servieren.

6 Personen | Vorbereitung 30 min + 6–8 Stunden Kühlzeit | Backzeit 20 min

Zuccotto

Zuccotto ist ein traditionelles italienisches Kuchendessert, in dem Zartbitterschokolade und Kirschen eine verführerische Liaison eingehen.

ZUTATEN

120 g weiche Margarine, plus etwas mehr zum Einfetten
100 g Mehl
2 EL Kakaopulver
1½ TL Backpulver
100 g brauner Feinstzucker
2 Eier, verquirlt
3 EL Weinbrand
2 EL Kirschwasser

Füllung
600 g Sahne
30 g Puderzucker
30 g gehackte Mandeln, geröstet
225 g Schwarzkirschen, entsteint
50 g Zartbitterschokolade, fein gehackt

Zum Garnieren
1 EL Kakaopulver
1 EL Puderzucker
frische Kirschen

VARIATION
Sollten keine frischen Kirschen erhältlich sein, verwenden Sie Schattenmorellen aus dem Glas. Das Kirschwasser kann durch Amaretto ersetzt werden.

Den Backofen auf 190 °C vorheizen. Einen eckigen Backrahmen (30 cm x 23 cm) auf ein mit Backpapier belegtes Backblech setzen und einfetten. Mehl, Kakao und Backpulver in eine Schüssel sieben. Zucker, Margarine und Eier zufügen und zu einem glatten Teig verrühren. In den Backrahmen füllen und glatt streichen. 15–20 Minuten backen, bis der Teig aufgegangen ist. Den Kuchen 5 Minuten auf dem Blech abkühlen lassen, dann auf einem Kuchengitter erkalten lassen.

Eine Schüssel (1,2 l) kopfüber auf den Kuchen setzen und den Rand entlang einen Kreis ausschneiden. Die Schüssel mit Frischhaltefolie auskleiden. Den restlichen Kuchen zurechtschneiden und die Schüssel damit auskleiden. Weinbrand und Kirschwasser in einer Schale verrühren. Den Kuchen, auch den beiseitegestellten Kreis, damit tränken.

Für die Füllung die Sahne mit dem Puderzucker in einer Schüssel steif schlagen. Dann Mandeln, Kirschen und Schokolade unterheben. Die mit Kuchen ausgekleidete Schüssel mit der Masse füllen und mit dem Kuchenkreis abdecken. Mit einem Teller beschweren und mindestens 6–8 Stunden oder über Nacht im Kühlschrank ziehen lassen. Den Zuccotto kurz vor dem Servieren auf einen Kuchenteller stürzen und die Frischhaltefolie abziehen. Zunächst mit Kakao, dann mit Puderzucker bestäuben und mit Kirschen dekorieren.

4 Personen | Vorbereitung 25 min + 8 Stunden Kühlzeit | Backzeit 40 min

Cassata alla siciliana

Dieser reichhaltige, mit Ricotta, kandierten Früchten, gehackten Nüssen und Schokolade gefüllte Kuchen ist eine Sünde wert.

ZUTATEN

175 g weiche Butter, plus etwas mehr zum Einfetten
120 g Mehl
2 EL Kakaopulver
2½ TL Backpulver
220 g brauner Feinstzucker
3 Eier
Puderzucker, zum Bestäuben
Schokoladenröllchen*, zum Garnieren

Füllung

500 g Ricotta
100 g Zartbitterschokolade, geraspelt
100 g brauner Feinstzucker
3 EL Marsala
50 g Sukkade, gehackt
25 g gehackte Mandeln

Den Backofen auf 190 °C vorheizen. Eine Springform (18 cm Ø) einfetten und den Boden mit Backpapier auslegen. Mehl, Kakao und Backpulver in eine große Schüssel sieben. Butter, Zucker und Eier hinzufügen und alles zu einem glatten Teig verrühren. Den Teig in die Form füllen, glatt streichen und 30–40 Minuten backen, bis er aufgegangen ist und sich fest anfühlt. Den Kuchen 5 Minuten in der Form abkühlen lassen, dann auf ein Kuchengitter stürzen.

Die Springform reinigen und abtrocknen. Erneut einfetten und mit Backpapier auslegen. Für die Füllung den Ricotta durch ein Sieb in eine Schüssel streichen. Schokolade, Zucker und Marsala unterrühren, bis die Masse cremig ist. Sukkade und Mandeln unterheben.

Die Kruste von der Oberseite des Kuchens dünn abschneiden und entsorgen. Den Kuchen horizontal in 3 Böden schneiden. Den unteren Boden in die Form setzen und mit der Hälfte der Ricotta-Masse bestreichen. Den Vorgang wiederholen und mit dem dritten Boden abschließen. Den Kuchen leicht andrücken, dann mit einem Teller beschweren und mindestens 8 Stunden in den Kühlschrank stellen. Dann auf eine Kuchenplatte stürzen. Mit Puderzucker bestäuben und mit Schokoladenröllchen garnieren.

TIPP

**Für die Schokoröllchen zunächst eine dünne Schicht geschmolzene Schokolade auf einem glatten Untergrund verstreichen. Wenn die Schokolade gestockt, aber noch nicht fest ist, mit einem scharfen Messer im 45°-Winkel dünne Schichten Schokolade abtragen. Dabei rollt sich die Schokolade automatisch auf.*

12–14 Stück | Vorbereitung 25 min | Backzeit 1 Stunde

Mandelkuchen

Diesen Kuchen können Sie mit Obst als Dessert servieren oder an einem gemütlichen Nachmittag mit einer Tasse Kaffee genießen. Kartoffelmehl ist das Geheimnis der herrlich lockeren Textur dieses Kuchens.

ZUTATEN

Butter, zum Einfetten
3 Eier, getrennt
140 g Zucker
60 g Kartoffelmehl
150 g abgezogene Mandeln, fein gehackt
fein abgeriebene Schale von 1 Orange
140 ml Orangensaft
Salz
Puderzucker, zum Bestäuben

Den Backofen auf 160 °C vorheizen. Eine Springform (20 cm Durchmesser) großzügig einfetten.

Eigelb und Zucker in einer großen Schüssel schaumig rühren, bis die Quirle eine Spur in der Masse hinterlassen. Kartoffelmehl, Mandeln, Orangenschale und Orangensaft unterrühren. Das Eiweiß mit 1 Prise Salz in einer zweiten, sauberen Schüssel steif schlagen und vorsichtig unter den Teig heben.

Den Teig in die vorbereitete Form füllen und im vorgeheizten Ofen 50–60 Minuten backen, bis der Kuchen goldbraun ist und bei leichtem Fingerdruck elastisch nachgibt. Auf ein Kuchengitter stürzen und auskühlen lassen. Mit Puderzucker bestäuben und servieren.

16 Stück | Vorbereitung 1 Stunde 15 min | Garzeit 5 min

Schokoladen-Mandel-Konfekt

Dieses ungewöhnliche Konfekt ist sehr leicht herzustellen und schmeckt auch zum Kaffee ganz ausgezeichnet.

ZUTATEN

75 g Mandeln
150 g Zartbitterschokolade
80 g Butter
200 ml Kondensmilch
2 TL Zimt
75 g Amaretti, grob zerkrümelt
50 g getrocknete Aprikosen, grob gehackt

Eine Kastenform (1 l) mit Alufolie auskleiden.

Die Mandeln mit einem scharfen Messer grob hacken.

Schokolade, Butter, Milch und Zimt in einen schweren Topf geben und bei kleiner Hitze mit einem Holzlöffel 3–4 Minuten rühren, bis die Schokolade geschmolzen und die Masse glatt ist.

Mandeln, Amaretti und Aprikosen sorgfältig unterheben.

Die Masse in die vorbereitete Form füllen, auskühlen lassen und dann 1 Stunde im Kühlschrank fest werden lassen.

Zum Servieren das Konfekt auf einen Teller stürzen, die Alufolie abziehen und das Konfekt in Scheiben schneiden.

4 Personen | Vorbereitung 15 min | Backzeit 40 min

Birnen-Ingwer-Kuchen

Dieser verführerische butterzarte Kuchen mit saftigen Birnen und würzigem Ingwer ist ideal für die Kaffeetafel. Mit Vanilleeis ist er ein köstliches Dessert.

ZUTATEN

200 g weiche Butter
175 g Feinstzucker
175 g Mehl, gesiebt
2 gestr. TL Backpulver
3 TL gemahlener Ingwer
3 Eier, verquirlt
500 g Tafelbirnen, geschält, entkernt und in dünnen Spalten
1 EL brauner Zucker

Den Backofen auf 180 °C vorheizen. Eine Springform (20 cm Durchmesser) einfetten.

175 g Butter, Zucker, Mehl, Backpulver, Ingwer und Eier mit dem elektrischen Handrührer oder in der Küchenmaschine zu einem glatten Teig verarbeiten.

Den Teig in die vorbereitete Form füllen und die Oberfläche glatt streichen.

Die Birnenscheiben fächerförmig auf dem Teig verteilen. Mit braunem Zucker bestreuen. Die restliche Butter in Flöckchen auf den Birnen verteilen.

Den Kuchen im Ofen 35–40 Minuten backen, bis er goldbraun ist und auf leichten Fingerdruck elastisch nachgibt. Den Kuchen aus der Form lösen und warm mit einer Kugel Eiscreme servieren oder erkalten lassen.

12–16 Stück | Vorbereitung 10 min + 20 min Kühlzeit | Backzeit 40 min

Panforte di Siena

Der Panforte ist ein traditioneller toskanischer Weihnachtskuchen, wird heute jedoch das ganze Jahr über als Dessert gereicht. In seiner Heimatstadt Siena wird er in unzähligen geschmacklichen Variationen angeboten.

ZUTATEN

Butter, zum Einfetten
50 g Belegkirschen, geviertelt
100 g Sukkade, fein gehackt
2 EL kandierter Ingwer, grob gehackt
125 g Mandelstifte
125 g Haselnüsse, geröstet und grob gemahlen
50 g Mehl
30 g Kakaopulver
1 TL Zimt
¼ TL gemahlene Gewürznelken
¼ TL frisch geriebene Muskatnuss
¼ TL gemahlener Koriander
100 g Honig
100 g brauner Feinstzucker
1 TL Orangenblütenwasser
Puderzucker, zum Bestäuben

VARIATION
Die Belegkirschen können auch durch getrocknete Cranberrys und der kandierte Ingwer durch dieselbe Menge kandierte Ananas ersetzt werden.

Den Backofen auf 160 °C vorheizen. Eine Springform (20 cm Durchmesser) gründlich einfetten und den Boden mit Backpapier auslegen. Kirschen, Sukkade, Ingwer, Mandeln und Haselnüsse in einer Schüssel mischen. Mehl, Kakao, Zimt, Nelken, Muskat und Koriander untermischen.

Honig, Zucker und Orangenblütenwasser in einem Topf sanft erhitzen, bis sich der Zucker aufgelöst hat. Die Masse zum Kochen bringen und köcheln lassen, bis ein Zuckerthermometer 116 °C anzeigt oder eine kleine Sirupmenge sich zu einem weichen Ball formt, wenn sie in kaltes Wasser getropft wird.

Den Topf sofort vom Herd nehmen und die Trockenzutaten sorgfältig einarbeiten. Die Masse in die vorbereitete Form füllen und glatt streichen. Im vorgeheizten Ofen 30 Minuten backen. Den Panforte auskühlen lassen, dann aus der Form lösen und das Backpapier abziehen. Leicht mit Puderzucker bestäuben und zum Servieren in schmale Stücke schneiden.

4 Personen | Vorbereitung 15 min + 8 Stunden Kühlzeit | Garzeit 5 min

Italienisches Weihnachtsdessert

Diese herrliche torta *mit kandierten Früchten und Amaretti wird zwar traditionell zu Weihnachten serviert, schmeckt jedoch auch das ganze Jahr über wunderbar.*

ZUTATEN
Butter, zum Einfetten
100 g gemischte kandierte Früchte, gehackt
60 g Rosinen
fein abgeriebene Schale von ½ Orange
3 EL Orangensaft
3 EL Sahne
350 g Zartbitterschokolade, gehackt
120 g Frischkäse
120 g Amaretti, grob zerkrümelt

Zum Servieren
120 g Schlagsahne
2 EL Amaretto
25 g Zartbitterschokolade, geraspelt

Eine Schüssel (850 ml) mit Butter einfetten. Kandierte Früchte, Rosinen, Orangenschale und -saft in einer Schüssel mischen. Sahne und Schokolade in einem Topf sanft erhitzen, bis die Schokolade geschmolzen ist. Glatt rühren und unter die Fruchtmischung ziehen. Abkühlen lassen.

Frischkäse und etwas Schokolademasse in einer großen Schüssel glatt rühren, dann die restliche Schokoladenmasse einarbeiten. Die Amaretti unterheben und die Masse in die vorbereitete Schüssel füllen. Mit Frischhaltefolie abgedeckt über Nacht im Kühlschrank fest werden lassen.

Zum Servieren den Kuchen auf einen gekühlten Servierteller stürzen. Sahne und Amaretto in einer Schüssel steif schlagen. Etwas Sahne auf dem Dessert verstreichen und mit der Schokolade bestreuen. Die restliche Sahne separat dazu reichen.

VARIATION
Alternativ die Amaretti durch Butterkekse und den Amaretto durch dieselbe Menge Weinbrand ersetzen.

6 Personen | Vorbereitung 20 min | Garzeit 0 min

Ricotta-Eis

Der Ricotta verleiht diesem Dessert eine sahnige Note, während die Nüsse für Aroma und Biss sorgen. Das Eis muss zum Festwerden über Nacht ins Gefrierfach gestellt werden.

ZUTATEN
40 g Pistazien
40 g Wal- oder Pekannusskerne
40 g Haselnüsse, geröstet und grob gehackt
fein abgeriebene Schale von 1 Orange
fein abgeriebene Schale von 1 Zitrone
2 EL kandierter Ingwer
2 EL Belegkirschen
50 g getrocknete Aprikosen
3 EL Rosinen
300 g Ricotta
2 EL Maraschino, Amaretto oder Weinbrand
1 TL Vanillearoma
4 Eigelb
100 g Feinstzucker

Zum Garnieren
Schlagsahne
Belegkirschen, Pistazien oder Minzeblätter

Pistazien und Walnüsse grob hacken und mit Haselnüssen sowie Orangen- und Zitronenschale mischen.

Ingwer, Kirschen, Aprikosen und Rosinen fein hacken und zu den Nüssen geben.

Den Ricotta sorgfältig mit der Nuss-Früchte-Masse mischen, dann Likör und Vanillearoma einarbeiten.

Eigelb und Zucker in einer Schüssel rühren, bis die Masse sehr dick und cremig ist. Schneller geht dies im Wasserbad. Die Masse danach abkühlen lassen.

Die Ricotta-Mischung vorsichtig unter die Eiermasse heben.

Eine Kastenform (18 cm x 12 cm) mit 2 Lagen Frischhaltefolie oder Backpapier auskleiden. Die Ricotta-Masse einfüllen und die Oberfläche glatt streichen. Mit Frischhaltefolie oder Backpapier abdecken und über Nacht im Gefrierfach fest werden lassen.

Vor dem Servieren die Form kurz in heißes Wasser tauchen. Die Eiscreme auf einen Servierteller stürzen und die Frischhaltefolie oder das Backpapier abziehen. Mit Schlagsahne, Belegkirschen, Pistazien und/oder Minzeblättern garnieren und in Scheiben schneiden.

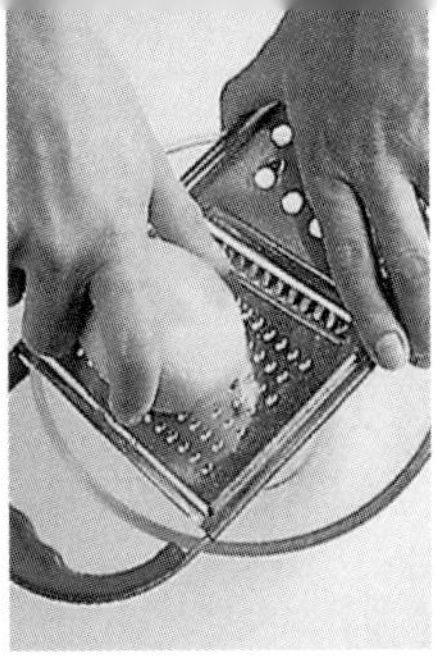

4 Personen | Vorbereitung 15 min + 5 Stunden Kühlzeit | Garzeit 6 min

Zitronen-Granita

Granitas, bei denen ein Fruchtsirup tiefgefroren und anschließend grob zerstoßen wird, sind überaus erfrischend und werden gerne als „Zungenputzer" zwischen zwei Menügängen gereicht. Sie schmelzen jedoch rasch und sollten daher schnell serviert werden.

ZUTATEN
3 Zitronen
200 ml Zitronensaft
100 g Feinstzucker
500 ml kaltes Wasser

Die Zitronenschale fein abreiben und mit Zitronensaft und Zucker in einen Topf geben. Zum Kochen bringen und 5–6 Minuten köcheln lassen, bis die Mischung sirupartig eindickt. Den Topf vom Herd nehmen und den Sirup erkalten lassen.

Den Sirup mit dem Wasser verrühren. In ein flaches Gefriergefäß mit Deckel füllen und 4–5 Stunden gefrieren. Dabei gelegentlich umrühren, damit die Eismasse körnig wird. Die Granita zwischen zwei Gängen eines Menüs zum Neutralisieren des Gaumens oder als erfrischendes Dessert reichen.

VARIATION
Für eine Kaffee-Granita 2 Esslöffel Instant-Kaffee und 2 Esslöffel Zucker in eine Schüssel geben und unter Rühren in 2 Esslöffeln sehr heißem Wasser auflösen. Dann 625 ml kaltes Wasser und 2 Esslöffel Rum oder Weinbrand unterrühren. Die Mischung in einem flachen Gefriergefäß mit Deckel mindestens 6 Stunden gefrieren. Dabei gelegentlich umrühren, damit die Masse körnig wird.

4 Personen | Vorbereitung 10 min + 1 Stunde Kühlzeit | Garzeit 20 min

Kirschen in Marsala

Dies ist ein beliebtes venezianisches Gericht, für das die in Italien meistangebaute Morello-Kirsche verwendet wird.

ZUTATEN
140 g Feinstzucker
dünn abgelöste Schale von 1 Zitrone
5-cm-Stück Zimtstange
250 ml Wasser
250 ml Marsala
1 kg Morello-Kirschen, entsteint
150 g Sahne

Zucker, Zitronenschale, Zimtstange, Wasser und Marsala in einen schweren Topf geben und unter ständigem Rühren zum Kochen bringen. Die Hitze reduzieren und 5 Minuten köcheln lassen. Die Zimtstange entfernen.

Die Kirschen zugeben und bei geschlossenem Deckel 10 Minuten köcheln lassen. Die Kirschen mit einem Schaumlöffel herausnehmen und in eine Schüssel geben.

Den Sirup bei starker Hitze 3–4 Minuten einkochen, bis er dickflüssig ist. Über die Kirschen gießen und zum Abkühlen beiseitestellen. Dann mindestens 1 Stunde im Kühlschrank ziehen lassen.

Die Sahne steif schlagen. Kirschen und Sirup auf Dessertteller verteilen, die Sahne daraufsetzen und sofort servieren.

VARIATION
Ersetzen Sie den Marsala durch einen körperreichen Rotwein.

40 Stück | Vorbereitung 20 min | Backzeit 20 min

Florentiner

Dieses köstliche Gebäck findet nicht nur während der Weihnachtszeit begeisterte Abnehmer.

ZUTATEN
70 g Butter, plus etwas mehr zum Einfetten
Mehl, zum Bestäuben
70 g Feinstzucker
2 EL Rosinen
2 EL Belegkirschen, gehackt
2 EL Ingwerpflaumen in Sirup, gehackt
25 g Sonnenblumenkerne
100 g Mandeln, gehackt
2 EL Sahne
175 g Zartbitterschokolade

2 Backbleche einfetten und mit Mehl bestäuben oder mit Backpapier auslegen.

Die Butter in einem kleinen Topf sanft erhitzen, bis sie geschmolzen ist. Den Zucker zufügen und rühren, bis er sich aufgelöst hat. Den Karamell einmal aufkochen und den Topf sofort vom Herd nehmen. Rosinen, Kirschen, Ingwer, Sonnenblumenkerne und Mandeln gründlich untermischen. Die Sahne einarbeiten.

Die Masse in teelöffelgroßen Portionen mit ausreichend Abstand auf die Backbleche setzen. Die Florentiner im vorgeheizten Ofen bei 180 °C 10–12 Minuten goldbraun backen.

Noch heiß auf dem Backblech die ausgelaufenen Ränder der Florentiner mit einer Ausstechform oder einem kleinen Glas nach innen ziehen, sodass die Florentiner eine schöne runde Form erhalten. Auf den Blechen auskühlen lassen, bis sie fest sind, dann auf einem Kuchengitter vollständig erkalten lassen.

Die Schokolade schmelzen und drei Viertel auf ein Stück Backpapier streichen. Bevor die Schokolade wieder erstarrt, die Florentiner mit der glatten Seite hineindrücken. Dann die Schokolade vollständig fest werden lassen.

Die Florentiner mit einer Ausstechform aus der Schokolade ausstechen und die restliche flüssige Schokolade in einer zweiten Schicht auftragen. Mit einer Gabel ein Wellenmuster einziehen. Fest werden lassen.

16 Stück | Vorbereitung 20 min | Backzeit 40 min

Schokoladen-Biscotti

Diese italienischen Biskuits werden zusammen mit einem Kaffee oder Espresso oder nach einem Menü zum Dessertwein gereicht.

ZUTATEN
Butter, zum Einfetten
1 Ei
70 g Feinstzucker
1 TL Vanillearoma
125 g Mehl, plus etwas mehr zum Bestäuben
½ TL Backpulver
1 TL Zimt
50 g Zartbitterschokolade, grob gehackt
50 g Mandelstifte, geröstet
50 g Pinienkerne

Den Backofen auf 180 °C vorheizen. Ein Backblech leicht mit Butter einfetten.

Ei, Zucker und Vanillearoma in einer Schüssel mit einem elektrischen Handrührer cremig rühren. Die Quirle sollten eine Spur in der Eimasse hinterlassen.

Mehl, Backpulver und Zimt darübersieben und vorsichtig unter die Eimasse ziehen. Schokolade, Mandeln und Pinienkerne unterheben.

Den Teig auf einer leicht bemehlten Arbeitsfläche zu einen etwa 25 cm langen und 3 cm breiten Strang formen und auf das vorbereitete Backblech legen.

Im vorgeheizten Ofen 20–25 Minuten goldgelb backen. Aus dem Ofen nehmen und 5 Minuten abkühlen lassen.

Den Strang auf ein Schneidebrett legen und mit einem Brotmesser schräg in etwa 1 cm dicke Scheiben schneiden. Die Scheiben wieder auf das Backblech legen und 10–15 Minuten backen, dabei nach der Hälfte der Zeit wenden.

Die Biscotti 5 Minuten auf dem Backblech abkühlen lassen, dann auf ein Kuchengitter setzen und vollständig erkalten lassen.

24 Stück | Vorbereitung 20 min | Backzeit 15 min

Weiße Florentiner

Diese köstlichen Plätzchen sind mit weißer Schokolade überzogen und erhalten dadurch ihr besonders feines Aroma.

ZUTATEN
200 g Butter
225 g Feinstzucker
125 g Walnüsse, gehackt
125 g Mandeln, gehackt
60 g Sultaninen, gehackt
25 g Belegkirschen, gehackt
25 g Sukkade, fein gehackt
2 EL Sahne
225 g weiße Schokolade

2 Backbleche mit Backpapier auslegen. Den Backofen auf 180 °C vorheizen.

Die Butter bei kleiner Hitze zerlassen. Den Zucker zufügen und rühren, bis er sich aufgelöst hat. Den Karamell exakt 1 Minute kochen, dann den Topf vom Herd nehmen.

Walnüsse, Mandeln, Sultaninen, Kirschen, Sukkade und Sahne sorgfältig unter den Karamell mischen.

Jeweils 1 gehäuften Teelöffel der Masse mit ausreichend Abstand auf die Backbleche setzen. Im vorgeheizten Ofen 10 Minuten goldbraun backen.

Aus dem Ofen nehmen und noch heiß auf den Backblechen die ausgelaufenen Ränder mit einem Messer in Form bringen. Die Florentiner abkühlen lassen, bis sie fest sind, dann auf ein Kuchengitter heben und vollständig erkalten lassen.

Die Schokolade im Wasserbad schmelzen und die glatte Seite der Florentiner damit bestreichen. Mit einer Gabel ein Wellenmuster einziehen. Die Schokolade fest werden lassen.

Die Florentiner kühl und trocken in einem luftdicht schließenden Behälter aufbewahren.

20 Stück | Vorbereitung 5 min + 1 Stunde Kühlzeit | Garzeit 5 min

Italienische Schokoladentrüffeln

Diese köstlichen Mandel-Schokoladen-Kreationen sind ganz einfach herzustellen und können nach einer Mahlzeit zum Kaffee gereicht werden.

ZUTATEN
175 g Zartbitterschokolade
2 EL Mandel- oder Orangenlikör
3 EL Butter
50 g Puderzucker
50 g gemahlene Mandeln
50 g Milchschokolade, gerieben

Die Zartbitterschokolade mit dem Likör im Wasserbad schmelzen und zu einer glatten Masse rühren.

Die Butter zufügen und rühren, bis sie geschmolzen ist. Dann Puderzucker und Mandeln unterrühren.

Die Masse an einem kühlen Ort abkühlen lassen, bis sie so fest ist, dass sie geformt werden kann, dann 20 Kugeln daraus rollen. Die Milchschokolade auf einen Teller geben und die Trüffeln darin wälzen.

In Pralinenkapseln aus Papier setzen und mindestens 1 Stunde in den Kühlschrank stellen.